Manual de currículos

ROBIN KESSLER &
LINDA A. STRASBURG

Manual de currículos

Tradução de
MARIANA MENEZES NEUMANN

1ª edição

RIO DE JANEIRO – 2016

CIP-BRASIL. CATALOGAÇÃO NA FONTE
SINDICATO NACIONAL DOS EDITORES DE LIVROS, RJ

K52m Kessler, Robin
      Manual de currículos / Robin Kessler, Linda A. Strasburg; tradução Mariana Menezes Neumann. – 1ª ed. – Rio de Janeiro: Best Business, 2016.
      14 × 21cm.

      Tradução de: Competency-Based Resumes
      Apêndice
      Inclui bibliografia
      ISBN 978-85-68905-29-6

      1. Relações humanas. 2. Profissões - Desenvolvimento. 3. Orientação profissional. I. Strasburg, Linda A. II. Neumann, Mariana Menezes. III. Título.

15-29047
CDD: 650.14
CDU: 331.548

Manual de currículos, de autoria de Robin Kessler e Linda A. Strasburg.
Texto revisado conforme o Acordo Ortográfico da Língua Portuguesa.
Primeira edição impressa em março de 2016.
Título original norte-americano:
COMPETENCY-BASED RESUMES

COMPETENCY-BASED RESUMES © 2005 Robin Kessler e Linda A. Strasburg.
Original English language edition published by Career Press, 220 West Parkway, Unit 12, Pompton Plains, NJ 07444, USA. All rights reserved.
Copyright da tradução © 2013 by Editora BestSeller Ltda.

Design de capa: Sérgio Campante

Direitos exclusivos de publicação em língua portuguesa para o Brasil adquiridos pela Best Business, um selo da Editora Best Seller Ltda. Rua Argentina 171 – 20921-380 – Rio de Janeiro, RJ – Tel.: (21) 2585-2000 que se reserva a propriedade literária desta tradução.

Impresso no Brasil

ISBN 978-85-68905-29-6

Seja um leitor preferencial Best Business.
Cadastre-se e receba informações sobre nossos lançamentos e nossas promoções.

Atendimento ao leitor e vendas diretas: sac@record.com.br ou (21) 2585-2002.
Escreva para o editor: bestbusiness@record.com.br
www.record.com.br

A transição da era industrial para a era da informação requer um novo conjunto de ideias, habilidades e ferramentas. Este livro reflete essa transição com novas soluções e diretrizes práticas para seu currículo, apresentadas de forma simples.

Dr. Stephen R. Covey
Autor de *Os 7 hábitos das pessoas altamente eficazes*
e *O 8º hábito — da eficácia à grandeza.*

Dedicatória

Este livro é dedicado à Shirley Kessler, minha mãe, a responsável por me ensinar que eu poderia fazer qualquer coisa que realmente desejasse, e em memória de meu pai, Barney Kessler, que me ajudou a aprender a pensar sozinha e possibilitou meu acesso a uma excelente formação. Espero que ele esteja orgulhoso. As competências dos meus pais sempre me auxiliaram a identificar as minhas próprias.

Robin Kessler

Este livro é dedicado à minha mãe, Lillyan Loomis, que sempre acreditou na minha capacidade, antes mesmo que eu pudesse percebê-la. Ao meu falecido marido, Jerry R. Bell, que sempre me desejou o melhor que a vida poderia oferecer e ainda está ao meu lado, me guiando para ser cada vez mais competente. E aos meus netos, Andre, Xochi e Giovanni, que irão contribuir com suas competências para um futuro melhor.

Linda A. Strasburg

Agradecimentos

O número de pessoas que contribuíram para este livro é maior do que poderíamos nomear. Os nomes a seguir são de pessoas a quem devemos nosso reconhecimento especial.

Obrigada a Bill Baumgardt, meu ex-gerente e amigo, por dedicar uma tarde para revisar o manuscrito, durante uma viagem de negócios para Houston. A Hank Radoff, meu primo e amigo, por tratar das questões legais. A Mary Alice Eureste, que me encorajou a conhecer mais sobre competências. A David Heath, por confirmar a necessidade de currículos baseados no sistema de competências em empresas que adotam este mesmo sistema. A Nancy Palma e Patty Frederick, nossa contadora e nossa escriturária, por nos manterem longe de problemas.

A Ron Fry, Mike Lewis e Mike Pye da Career Press, obrigada por compreenderem a nossa proposta e acreditarem nela. A Kristen Parkes, por suas habilidades como editora e por seu profissionalismo consistente durante todo o processo.

Aos meus familiares e amigos, obrigada pela paciência durante os meses em que trabalhei no livro. Embora eu valorize a todos, gostaria de mencionar alguns nomes que têm sido bastante importantes por muito tempo. Meus tios e tias, Florence e Bob Lait, Paul Kessler, Louise Colin, e Rae e Milt Goldberg, pelo encorajamento. Pam Thompson, que sempre soube ser uma boa amiga, e Paula Hanson, que tem a sabedoria de me fazer sentir sã desde os tempos de faculdade, espero que saiba quanto valorizo sua amizade. Archie Thompson e Andy Hanson, seus respectivos maridos, obrigada pela amizade e carinho sempre que me encontram.

Por último, agradeço aos professores que me inspiraram, Sarah Day Haynes, do colégio primário Longfellow, Jean Price, do colégio Bellaire, e aos Dr. Carl Smith, Dr. Irwin Weil e professor Dennis Brutus, da Universidade Northwestern.

Robin Kessler

Agradeço aos meus familiares, amigos, clientes, alunos e ouvintes, que fizeram as perguntas mais difíceis, desafiaram concepções antigas e ofereceram novas soluções. Sem essas perguntas, não haveria novas respostas; sem o questionamento de concepções antigas, eu teria sucumbido; e, sem novas soluções, eu não teria criado novos conceitos.

Linda A. Strasburg

Sumário

1. Conheça a estratégia baseada em competências • 13
2. Entendendo o sistema com base em competências • 27
3. Identifique as competências relevantes • 43
4. Crie um currículo focado no empregador • 55
5. Desenvolva uma lista de realizações que comprovem suas competências • 89
6. Escolha o estilo de currículo mais eficaz • 113
7. Aperfeiçoe outras seções do currículo • 139
8. Releia, revise e aprimore seu currículo • 149
9. Certifique-se de que o currículo foi concluído • 159
10. Consulte estudos de casos em busca de ideias para tornar seu currículo mais eficaz • 166
11. Leia outros currículos baseados em competências • 209
12. Crie correspondências com base em competências • 233
13. Prepare-se para entrevistas e para construir uma rede de contatos com base em competências • 248
14. O próximo passo: gerencie ativamente sua carreira em uma empresa que adota o sistema com base em competências • 263

Apêndice A — Lista de competências-chave • 277

Apêndice B — Competências típicas de acordo com as profissões • 299

Apêndice C — Competências que serão importantes no futuro • 311

Apêndice D — Referências rápidas para as cartas de sondagem baseadas em competências • 315

Apêndice E — Como redigir cartas de agradecimento com base em competências • 319

Apêndice F — Os benefícios de sistemas de preenchimento com base em competências • 323

Apêndice G — O uso da abordagem com base em competências para responder a perguntas-chave durante as entrevistas • 327

Notas • 333

Bibliografia • 335

1. Conheça a estratégia baseada em competências

Para vencer as eleições presidenciais norte-americanas não basta obter a maioria dos votos populares, é preciso garantir o maior número de votos do colégio eleitoral, que, em última instância, determina quem sai vitorioso do processo. Essa compreensão é crucial para quem planeja se candidatar — e vencer.

Da mesma forma, saber o número de pontos necessários para vencer uma partida de tênis é essencial para escolher a melhor estratégia para derrotar o oponente.

Se a direção dos ventos mudar, é preciso estar preparado para manobrar e reajustar as velas, caso queira chegar ao porto certo.

A compreensão de como um determinado sistema funciona aumenta sua capacidade de obter o que deseja. No entanto, precisamos ter consciência de que os sistemas se modificam e se expandem. Devemos estar preparados para as constantes transformações dos sistemas com os quais operamos, e também para a rapidez com que elas ocorrem.

É fundamental observar essas mudanças com cuidado e ser mais perspicaz do que os oponentes, antecipando a mudança e ajustando a nossa abordagem para sermos bem-sucedidos agora e no futuro. Na verdade, precisamos dessas habilidades até mesmo para sobreviver no mercado de trabalho!

O sistema para conseguir um bom emprego mudou. Os próprios empregadores o modificaram. Se você deseja ser bem-sucedido no mercado de trabalho atual, precisa dispor de um número maior de vantagens em relação ao seu oponente. *Você* precisa mudar.

Compreender o sistema antes de sair em busca de um trabalho sempre fez com que o candidato ganhasse alguns pontos com o empregador. **Agora, no entanto, é fundamental saber e aceitar que o sistema adotado pelo empregador para tomar uma decisão mudou drasticamente nos últimos anos e continua a mudar ainda hoje.**

Os candidatos devem adequar sua abordagem às mudanças adotadas pelos empregadores e direcionar sua candidatura de forma a enfatizar o que o empregador deseja.

Imagine estar se preparando para participar de uma corrida e descobrir que o percurso de 5 quilômetros foi alterado para os 21 quilômetros de uma meia maratona. Se desejar vencer, precisará alterar o tipo de treinamento e desenvolver uma nova estratégia.

Este livro vai lhe oferecer o novo método e as ferramentas necessárias para participar do jogo de maneira mais eficaz e *competir para vencer*. Ao adotar esta nova abordagem, você aumentará suas chances de:

- Obter o emprego ideal em uma nova empresa;
- Ser escolhido para cargos extremamente disputados;

- Conseguir a promoção desejada ou um novo cargo na empresa em que trabalha;
- Receber um aumento, demonstrando a seus empregadores que suas habilidades podem melhorar os resultados;
- Sentir que seu trabalho é mais desafiador e satisfatório.

Você é o que aprendeu no passado, o que vivencia hoje e o que sonha para o amanhã.

O QUE MUDOU?

Os índices de desemprego estão significativamente maiores do que na década passada. Hoje em dia, as empresas mais sofisticadas adotam sistemas com base em competências para a criação de cargos, treinamento, seleção e promoção de seus funcionários. Cada vez mais, encontramos vagas de emprego na internet (e em anúncios) que solicitam aos candidatos que mencionem sua experiência em áreas-chave, também conhecidas como *competências*.

O que são competências? Paul Green afirma, em seu livro *Desenvolvendo competências consistentes*, que muitos profissionais da área de recursos humanos compreendem que **uma competência individual é a descrição por escrito de hábitos de trabalho mensuráveis e de habilidades individuais utilizadas para atingir determinado objetivo profissional.**

Quando as competências são utilizadas no âmbito da empresa, para ajudá-la a atingir seus objetivos e metas, são chamadas de *competências-chave*. Muitas organizações desenvolvem sua própria lista de competências-chave e incluem as que consideram prioritárias (oferecendo informações adicionais), necessárias aos cargos individuais ou para participar de equipes.

O uso de competências nas empresas aumentou significativamente nas duas últimas décadas, e cada vez mais organizações adotam estratégias com base nelas. Podemos citar como exemplo a análise de currículo por software, as entrevistas com ênfase no comportamento e os treinamentos e sistemas de remuneração com base em competências. Essas estratégias aumentam a efetividade dos treinamentos, das compensações e das promoções. Grandes empresas têm analisado currículos utilizando um software, que busca palavras-chave relacionadas às competências necessárias para o desempenho num determinado cargo.

Empresas como American Express, IBM, Coca-Cola, Delta Airlines, Anheuser-Busch, PepsiCo e BP estão entre as empresas líderes na aplicação de técnicas de entrevistas com análise comportamental, as quais oferecem aos entrevistadores informações mais detalhadas acerca das experiências anteriores dos candidatos.

Entrevistas com análise comportamental baseiam-se na teoria de que comportamentos adotados no passado tendem a se repetir no futuro. Em outras palavras, sucesso no passado indica sucesso no futuro.

Os entrevistadores fazem perguntas para avaliar quão *competentes* são os candidatos nas diversas áreas (ou *competências*) que o empregador identifica como cruciais para o desempenho de uma determinada função. Em alguns casos, as empresas buscam contratar candidatos que possam contribuir para o desenvolvimento das competências necessárias em todos os âmbitos da empresa. Desde os anos 1980, muitas empresas treinaram funcionários para conduzir entrevistas desta maneira. Além disso, um número relevante de organizações passou a adotar as entrevistas com análise comportamental, usando essa tática até mesmo para oferecer promoções ou transferências.

O uso de técnicas de entrevista com análise comportamental é uma prática-padrão na maior parte das grandes empresas. No entanto, a maioria dos candidatos continua a se preparar e a redigir o currículo da mesma maneira que fazia no passado: eles não se adaptaram às mudanças adotadas pelos empregadores para conduzir as entrevistas de trabalho.

> **Dica:** Se deseja aumentar suas chances de ser contratado por grandes empresas, você *deve* aproveitar as oportunidades de enfatizar as suas competências nas áreas-chave que o empregador busca, tanto durante a entrevista quanto no texto do seu currículo. Seus exemplos devem ser específicos, poderosos e concisos.

A Federação Americana de Aviação e a empresa de engenharia Fluor anunciaram vagas de emprego em suas páginas na internet que apresentavam uma lista de competências exigidas para as funções. O número de empresas que listam as competências desejadas de forma clara e objetiva é ainda maior quando buscamos por novos cargos disponíveis na internet.

Em 2003, a Monster.com disponibilizou mais de 2 mil anúncios que solicitavam competências específicas. Esses anúncios vieram de empresas de todos os portes, entre elas:

- Sears
- General Mills
- HCA
- Novartis
- Cummins
- MetLife
- Ingersoll-Rand
- Siemens
- Dole Food Company
- Federal Reserve System
- BP
- UMass Medical School
- Abbott Laboratories Employees Credit Union
- Perot Systems

Outras empresas adotam abordagens mais sutis, como incluir em seus anúncios e propagandas uma lista de características esperadas do candidato ideal, sem chamá-las de competências. Caso você analise esses anúncios, pode perceber competências escondidas, até mesmo grupos de competências-chave, e usar essas informações para transformar a sua busca por trabalho em um processo mais produtivo.

Dica: Visite os sites de suas empresas favoritas. Descubra se adotam o termo competências. Digite a sua área profissional (exemplo: "Recursos humanos") e "Competências" no site de vagas de emprego de sua preferência e veja o que encontra. Perceba que as vagas que requerem competências estão cada vez mais presentes no mercado de trabalho.

Neste livro nós o ensinaremos a reconhecer as dicas escondidas nesses anúncios, que outros candidatos costumam não perceber. Ao analisar as palavras adotadas pelo empregador, você poderá identificar quais são as necessidades dele. Em seguida, nós o ajudaremos a usar essas dicas para redigir currículos e cartas de apresentação mais eficazes, que aumentarão suas chances de ser selecionado para entrevistas.

O uso de competências para avaliar funcionários e candidatos está se tornando cada vez mais relevante nas empresas e nos setores governamentais dos Estados Unidos. O jogo mudou. Desta forma, é ainda mais importante moldar sua busca por trabalho de modo que possa competir para ganhar.

Lembre-se, a competição para obter o emprego ideal está mais acirrada do que nunca.

COMO VOCÊ PODE USAR ESSAS MUDANÇAS A SEU FAVOR?

Como essas mudanças afetam as pessoas que buscam um emprego? Nós acreditamos que os candidatos precisam perceber que o "sistema" mudou e adaptar sua abordagem para responder as demandas do empregador. Em outras palavras, devem adotar uma nova forma de busca de emprego, que seja mais eficaz e que os permita ficar à frente dos seus concorrentes.

Os candidatos devem se preocupar em se posicionar de maneira diferente do que fizeram no passado, para que possam competir e sair vitoriosos.

> É evidente que a competição está mais acirrada agora. Em setembro de 2012, o índice de desemprego nos Estados Unidos era de 7,7% e 12 milhões de pessoas foram classificadas como desempregadas (Fonte: www.bls.gov).

Imagine que você concordou em correr a maratona do Colorado. Se reside em uma região onde não há montanhas, vai treinar correndo em esteiras ou subindo escadas e chegará no local alguns dias antes da corrida, para se familiarizar com as montanhas do percurso.

A demanda por profissionais também muda com o tempo. Um amigo, que trabalhava como vice-presidente em uma empresa de fabricação de gravatas, perdeu o emprego após a adoção de um modelo mais casual de vestimenta no ambiente de trabalho, no fim da década de 1980 e início dos anos 1990, que fez a demanda pelo uso de gravatas diminuir. Em função das mudanças tecnológicas, existem poucos ascensoristas ou digitadores em atividade.

A exigência por novas habilidades e por diferentes profissões continua mudando. Nos últimos cinco anos, a tecnologia da informação teve o seu apogeu durante o crescimento do número de páginas na internet, mas apresenta uma posição menos relevante no mercado atual. O que você pode fazer como indivíduo? Como pode se precaver para não sofrer com as mudanças na economia e no mercado?

É seu dever ser mais perspicaz e observador do que a concorrência e estar atento às mudanças que podem afetar a sua profissão. É o que todos devem fazer.

COMO O SISTEMA DE COMPETÊNCIAS VAI FORNECER AS FERRAMENTAS DE QUE VOCÊ PRECISA

Este livro vai ensiná-lo a identificar possíveis empregadores que utilizam sistemas com base nas competências (ou seja, os mesmos empregadores que, quase sempre, são líderes em suas áreas de atuação). Essa abordagem também vai ajudá-lo a se sobressair em empresas que ainda não adotaram o novo sistema, porque ensina a identificar e a satisfazer as demandas reais dos empregadores.

Como você pode aumentar suas chances de ser bem-sucedido em uma entrevista para o emprego ideal e crescer profissionalmente? Você precisa:

1. Compreender os sistemas com base em competências.
2. Definir as competências que os empregadores buscam para sua profissão.
3. Redigir um bom currículo, focado nas suas competências.
4. Redigir cartas de apresentação com foco nas suas competências.
5. Aprender a estabelecer redes de contato com base nas competências.
6. Presumir que serão feitas entrevistas com base nas competências e se preparar para elas.
7. Identificar como administrar a sua carreira com base no novo sistema, percebendo quais deve aprimorar para ser mais bem-sucedido e quais deve desenvolver.

O primeiro passo é compreender como funcionam os sistemas com base nas competências. Em seguida, é preciso identificar as competências que os administradores buscam para sua área de atuação.

Uma das etapas mais produtivas neste processo é redigir um currículo. Em cursos para melhorar sua busca por empregos, os instrutores ensinam que a principal função de um currículo é garantir que o candidato seja chamado para uma entrevista. O currículo com foco nas competências ampliará a vantagem sobre os demais candidatos, pois seu objetivo principal é ressaltar as experiências e características que mostram que você tem as habilidades que a empresa procura. As suas conquistas devem ajudar a demonstrar quanto você é capacitado em diferentes áreas.

Tão logo seu currículo esteja pronto, você deve pensar em como promover as suas competências e identificar a sua marca particular. As principais estratégias para fazer isso incluem: redigir boas cartas de apresentação, estabelecer redes de contato e desenvolver habilidades para as entrevistas, de forma que possa responder as perguntas sobre comportamento e competências. Neste livro, também vamos abordar o desenvolvimento de materiais para a sua busca por um emprego, adotando uma linguagem com base em competências e treinando para entrevistas com análise comportamental.

Esta é uma abordagem nova e diferente. É evidente que ser contratado pelos empregadores mais exigentes requer candidatos que possam competir de forma eficaz, demonstrando que suas melhores qualidades são as que os entrevistadores buscam. Esta é uma demanda particularmente importante no cenário atual, no qual os empregadores conhecem o sistema melhor do que os candidatos.

A redação de um currículo com base em competências será mais eficaz com todos os empregadores, ainda mais com os que adotaram o compromisso de fortalecer a sua mão de obra ao:

- Definirem as competências desejadas.
- Utilizarem as competências para buscar novos funcionários.
- Treinarem seus gerentes para adotar técnicas de entrevista com análise comportamental.

A mudança de atitude cabe a você. Estamos certos de que conduzir sua busca por trabalho com um currículo focado em competências e aprimorar as suas habilidades de participar de entrevistas voltadas para a análise comportamental trará uma vantagem significativa em relação aos demais candidatos. Quando obtiver a vaga, é essencial compreender a importância de fortalecer e promover as suas competências, o que o fará ser mais valorizado na empresa. Você deve reconhecer onde estão seus pontos fortes e quais são as deficiências que precisam ser aprimoradas.

Presumindo que você já domine os aspectos básicos da busca por emprego, o uso das ferramentas que abordaremos neste livro aumentará a probabilidade de o empregador reconhecer que você está apto para a função e, por conta disso, lhe oferecer uma proposta melhor.

Você está pronto para abordar a busca por emprego de uma forma nova e ainda mais focada? Vamos começar agora.

Ao fim de cada capítulo incluímos perguntas e respostas para revisão dos pontos-chave que você precisa fixar. Certifique-se de que compreendeu os conceitos e ideias principais antes de avançar para o próximo capítulo.

PONTOS-CHAVE DO CAPÍTULO 1

Uma competência individual é a descrição por escrito de hábitos de trabalho mensuráveis e habilidades individuais utilizadas para atingir determinado objetivo profissional.

Como posso aumentar as chances de obter o trabalho que desejo?

As empresas que adotam o sistema de competências utilizam uma forma distinta de identificar o que é preciso para ser bem-sucedido no trabalho, em especial ao selecionar, promover e treinar seus funcionários.

Compreender o funcionamento do sistema com base em competências é essencial para o seu sucesso.

Surpresa: o mais importante é reconhecer que esses sistemas estão em constante mudança. Você deve adaptar sua abordagem, ajustando-a às mudanças realizadas pelo empregador.

O que são competências-chave?

As competências-chave são utilizadas no nível empresarial para ajudar a empresa a atingir seus objetivos ou metas.

O que são perguntas comportamentais utilizadas nas entrevistas?

Os entrevistadores fazem perguntas para compreender o nível de preparo dos candidatos para áreas distintas. A entrevista com análise comportamental é baseada na teoria de que ações passadas são indicadores de comportamentos futuros. Em outras palavras, *o sucesso no passado indica o sucesso no futuro.*

O que posso fazer para ser bem-sucedido na busca por emprego?

Para levar seu currículo ao topo da pilha e obter uma entrevista neste cenário competitivo, certifique-se de que seu currículo **enfatize (as competências desejadas), seja poderoso (utilize os verbos mais potentes e poderosos para descrever a sua competência) e conciso (seja direto, objetivo e utilize termos precisos).**

Por que devo redigir um currículo com base no sistema de competências?

Um currículo com base no sistema de competências o ajudará a ficar à frente dos demais candidatos, pois o enfoque é ressaltar os aspectos do seu histórico que oferecem *evidências* para os empregadores de que *você possui* as competências que eles procuram.

Como posso continuar promovendo as minhas competências?

É importante sempre demonstrar suas competências. Entre as possíveis estratégias, podemos ressaltar: cartas de apresentação bem redigidas, uma boa rede de contatos e habilidade refinada para entrevistas de emprego. Lembre-se de enfatizar as competências exigidas pelo cargo.

Como as empresas utilizam as competências para fortalecer sua mão de obra?

As empresas utilizam as competências para:

- Criar novos cargos.
- Selecionar o currículo dos candidatos.
- Administrar entrevistas com análise comportamental.
- Selecionar funcionários.
- Avaliar colaboradores.
- Desenvolver treinamentos
- Oferecer promoções.
- Recompensar funcionários.
- Determinar tarefas.
- Decidir quem não deve trabalhar para a empresa.

2. Entendendo o sistema com base em competências

Por que é tão importante, nos dias de hoje, conhecer o sistema com base em competências? Principalmente por ele ser cada vez mais utilizado nas melhores empresas para ajudar a gerenciar funcionários. De acordo com Kenneth Carlton Cooper, autor de *Effective Competency Modeling and Reporting: A Step-by-Step Guide for Improving Individual & Organizational Performance* [*Modelo eficaz para implementação de competências e produção de relatórios: guia individual e empresarial para aprimorar o desempenho*, em tradução livre], "a competência é um dos tópicos mais importantes no que diz respeito a recursos humanos".

Apesar de ser um tópico importante nos últimos anos, o termo "competência" é usado desde 1973, quando David C. McClelland escreveu o artigo intitulado "Testing for Competence Rather than for 'Intelligence'" ["Busque as competências em vez da inteligência", em tradução livre]. Em diversas faculdades, universidades e cursos profissionalizantes, os professores buscam identificar as competências que os alunos devem desenvolver. E, há pelo menos vinte anos, as ensinam.

O crédito pela criação do termo competências, utilizado no mundo dos negócios, é atribuído a Richard Boyatzis. O termo surgiu em 1982, no livro *The Competent Manager: A Model for Effective Performance* [*O administrador competente: guia para um desempenho eficiente*, em tradução livre]. Nessa obra, Boyatzis analisou o resultado de um estudo em larga escala conduzido por ele, no qual procurou identificar as características que tornavam os administradores mais eficientes. Desde então, Boyatzis adotou essas características, ou competências, para o processo de seleção, desenvolvimento e promoção de gerentes.

Desde a publicação do referido livro, diversas empresas e agências governamentais identificaram as competências adequadas a elas e desenvolveram sistemas e processos sofisticados para selecionar, contratar, treinar, avaliar, promover e remunerar funcionários, tomando-as como base.

O uso de competências para gerenciar funções relacionadas a recursos humanos continua em expansão. De acordo com Signe Spencer, coautora de *Competence at Work* [*Competências no ambiente de trabalho*, em tradução livre] e consultora sênior do Hay Group, "Nos últimos dez anos podemos observar ao redor do mundo uma explosão de interesse no uso de competências, em todos os níveis."[1] A utilização do sistema com base em competências é um método-chave para identificar e gerenciar recursos humanos em diversas empresas de destaque nos Estados Unidos, no Reino Unido, no Canadá, na Austrália e outros países.

Uma pesquisa recente, conduzida no Reino Unido, mostrou que uma em cada quatro organizações adotava o sistema com base em competências para recrutar ou selecionar candidatos. Este índice foi obtido a partir de estudo realizado com 747 das maiores organizações na região. Podemos ressaltar também que, no Reino Unido, mais de 700 organizações adotam o sistema com base em competências, envolvendo uma força conjunta de mais de 4 milhões de funcionários.[2]

O sistema com base em competências é adotado de forma ainda mais ampla nos Estados Unidos. Segundo a Sra. Spencer, "ao utilizar uma definição abrangente de competências, podemos dizer que aproximadamente metade das maiores empresas dos Estados Unidos utiliza de alguma maneira o sistema com base em competências".

Níveis de desenvolvimento de competências

O QUE SÃO COMPETÊNCIAS?

No Capítulo 1 utilizamos a definição de competências de acordo com Paul Green: **Uma competência individual é a descrição por escrito de hábitos de trabalho mensuráveis e de habilidades individuais utilizados para atingir determinado objetivo profissional.**

Elementos-chave:

- *Descrição escrita*: Quais são as palavras mais adequadas para descrever claramente uma competência?
- *Trabalho mensurável:* O que é mensurável? É o índice de sucesso do trabalho (por exemplo: "aumentou o número de vendas em 30% ao longo de um ano"). O trabalho mensurável inclui algum dado que possa ser quantificado, ou seja, um montante, uma porcentagem, ou o tempo dedicado para completar uma meta.
- *Hábitos e habilidades:* Quais são os principais hábitos e habilidades? Certifique-se de que o mesmo termo utilizado para descrever dada competência também seja adotado para a descrição de habilidades ou hábitos.
- *Para atingir um determinado objetivo profissional:* O que foi feito? O resultado é relevante. Questione como suas ações economizaram tempo ou dinheiro ou aprimoraram o processo. De que forma a empresa foi beneficiada?

Outra definição da competência individual indica que ela:

- Constitui um conjunto de conhecimentos, atitudes e habilidades que afetam o trabalho.
- Está relacionada ao desempenho no trabalho.
- Pode quantificar o sucesso em relação a padrões previamente estabelecidos.
- Pode ser aperfeiçoada por intermédio de treinamento e desenvolvimento.[3]

No livro *Competence at Work*, Lyle e Signe Spencer definem competência como "a característica de um indivíduo relacionada a critérios referentes ao desempenho superior ou efetivo ou à capacidade de resposta a situações específicas".[4] Signe Spencer, quando solicitada a oferecer uma definição mais simples, afirmou que competência é uma característica individual que possibilita a melhor realização de um trabalho.

Algumas organizações utilizam a seguinte definição para competências: características subjacentes, comportamento, conhecimentos e habilidades necessárias para diferenciar o desempenho. Ou seja, elas explicitam o que os funcionários com alto grau de desempenho fazem mais frequentemente e com melhores resultados.

Para a conferência da American Society of Training and Development [Sociedade Norte-americana de Treinamento e Desenvolvimento], realizada em 2002, a empresa FedEx Ground, em apresentação sobre o uso das competências, afirma que "a identificação e o desenvolvimento de competências são essenciais para alavancar recursos e aumentar a eficiência dos funcionários a longo prazo.

As competências proporcionam:

- Uma linguagem comum para identificação de habilidades e desenvolvimento de pessoas.
- O foco para o desenvolvimento e o debate sobre desempenho.
- Um conjunto de comportamentos-chave a serem utilizados pelos funcionários, de modo a aumentar a sua eficiência.
- Uma abordagem mais flexível para a avaliação de resultados; o conhecimento, as habilidades e as aptidões que os funcionários utilizam em seu ambiente de trabalho."

Embora a definição possa ser mais complexa, é importante, também, pensar em competências como conhecimento, habilidades e aptidões necessários para a eficiência no trabalho. Podemos ressaltar ainda três níveis principais nos quais as competências são desenvolvidas: organizacional, departamental ou funcional e individual.

As competências-chave estão inseridas em todas as esferas da empresa. As competências funcionais são identificadas para encorajar conhecimentos, habilidades e aptidões necessárias a um departamento específico, abrangem todo um setor da empresa, como o de recursos humanos ou o financeiro. Competências individuais, algumas vezes denominadas competências de trabalho, são desenvolvidas baseadas nos conhecimentos, habilidades e aptidões necessários para que o funcionário possa ser bem-sucedido em determinado cargo. Algumas empresas desenvolvem apenas as competências-chave, enquanto outras identificam e trabalham com os três níveis mencionados.

Em muitas organizações, competências são definidas de acordo com os diferentes cargos. Apresentamos a seguir a competência Planejamento e organização.[5]

Planejamento e organização: habilidade de visualizar a sequência de ações necessárias para alcançar um objetivo e estimar os recursos a serem utilizados, ou seja, agir de forma estruturada e minuciosa.

Nível 1. Supervisor (Estados Unidos), Gerente júnior (Reino Unido)

- Gerencia o próprio tempo e as atividades pessoais.
- Segmenta atividades complexas em metas viáveis.
- Identifica possíveis obstáculos para atividades planejadas.

Nível 2. Subgerente

- Estabelece planos de contingência para possíveis ocorrências.
- Estima os recursos e o tempo necessários para alcançar os objetivos.
- Coordena atividades em grupo para usar de forma eficiente as habilidades individuais e especialidades dos membros da equipe.

Nível 3. Gerente sênior

- Identifica as implicações operacionais de longo prazo para os planos de negócio.
- Planeja de forma eficiente a utilização de todos os recursos.

O propósito deste livro é auxiliar o leitor no desenvolvimento de um currículo eficaz com base em competências. Para isso, é necessário avaliar e identificar o nível mais alto de trabalho que você realizou em cada área de competência, deixando em segundo plano os níveis de trabalho definidos pela empresa, a não ser que sejam considerados relevantes para o cargo.

O QUE SÃO SISTEMAS BASEADOS EM COMPETÊNCIAS?

Algumas empresas estabelecem as competências desejadas para que possam ser utilizadas em áreas específicas, por exemplo, no desenvolvimento de metas e no treinamento com base no sistema de competências. Outras estabelecem uma abordagem mais completa, fazendo uso sistemático das competências para o gerenciamento de funcionários em quase todas as áreas ligadas aos recursos humanos.

No entanto, na maior parte dos casos, as lideranças se mostram interessadas no uso de sistemas com base em competências porque os identificam como a melhor forma de:

- Desenvolver o potencial da empresa.
- Melhorar a capacidade da empresa de alcançar metas.

O candidato que almeja trabalhar em uma empresa que faz uso das competências para determinar quem deve ser selecionado para as entrevistas, contratado, receber determinado treinamento ou promoção ou para definir quem terá os salários mais altos, precisa entender como o sistema funciona. Precisa, também, ser hábil o bastante para que os entrevistadores percebam quão consistente é o seu desempenho nas competências que eles definiram como interessantes.

As aplicações básicas usadas atualmente nos sistemas com base em competências, incluindo os processos de recrutamento e seleção, treinamento, avaliação de desempenho e pagamento, já foram discutidas. Uma vez que as competências forem definidas, as empresas e os departamentos podem adotar uma ou mais aplicações do sistema, como treinamento ou seleção, e um número significativo de empresas faz uso de quase todas.

No sistema com base em competências, as empresas usam softwares especializados para filtrar currículos e selecionar candidatos. O departamento de recursos humanos ou o gestor usa o software para identificar *palavras-chave*, com o objetivo de recrutar o candidato com maior probabilidade de apresentar as características exigidas. As palavras-chave frequentemente incluem competências, sinônimos ou frases que façam referência a uma determinada competência. Ao apresentar um currículo sem uma grande quantidade destes termos, o programa de filtragem não o selecionará. Desta forma, os profissionais não irão analisá-lo e, consequentemente, não agendarão uma entrevista.

As empresas treinam os entrevistadores para extrair dos candidatos informações que sinalizam se eles apresentam ou não as competências desejadas para o cargo. Por exemplo, um gerente de vendas provavelmente precisará da competência "orientação ao cliente". Sendo assim, serão feitas perguntas para identificar a aptidão do candidato para realizar tarefas dessa área. Algumas empresas optam por estruturar as entrevistas com base em um número específico de perguntas previamente estabelecidas, para que o entrevistado possa selecionar quais responder dentro de cada área de competência.

A revisão de desempenho é frequentemente baseada nas *aptidões* dos funcionários, que aparecem em uma lista de competências denominada dimensões ou características. Os empregadores utilizam os resultados das avaliações, somados à análise feita pelos gerentes, para determinar a necessidade de treinamento, caso o candidato apresente dificuldades em uma competência importante. Este processo é conhecido como treinamento baseado em competências. As competências "faltantes", ou pouco desenvolvidas, também são conhecidas como lacunas nas competências. As decisões acerca do aumento da remuneração, do ranking de funcionários e até mesmo das demissões são frequentemente baseadas na percepção de quão competentes são os funcionários.

O QUE FALTA NO ATUAL SISTEMA COM BASE EM COMPETÊNCIAS?

Mesmo as empresas mais sofisticadas, que desenvolveram um sistema eficaz e bem-sucedido, não incluíram, no processo, a criação de sistema interno de currículos para que os gestores saibam as realizações dos funcionários em cada área de competência.

Dica: Foque em como as metas podem ser concluídas, não em como deveriam ser realizadas.

Quais são os recursos internos desconhecidos pelos gerentes por não fazerem as perguntas adequadas ou pelo fato de o funcionário não os comunicar de forma clara e objetiva? Quantas empresas têm mudanças no sistema de gerenciamento, fazendo com que o novo gerente precise identificar a quem ele pode delegar tarefas antes mesmo de conhecer as competências de cada funcionário mais profundamente?

Uma vez que o sistema baseado em competências tenha sido estabelecido de forma eficaz, o desenvolvimento de melhores currículos, baseados em competências, é o próximo passo em direção à gerência estratégica e a uma maior parceria entre a área de recursos humanos e os funcionários.

Quantos currículos internos são bem redigidos e enfatizam as competências valorizadas pelas empresas? Será que um currículo baseado em competências não auxiliaria os gerentes a conhecer melhor as habilidades e aptidões de seus funcionários, além de aumentar a capacidade de utilizar os pontos fortes de seus funcionários de forma estratégica? Quantos funcionários sentem que são subutilizados, porque seus gerentes desconhecem suas competências em outras áreas ainda não demonstradas?

Os melhores sistemas de competência auxiliam os gerentes de todos os níveis no processo de conhecimento dos recursos disponíveis em seu departamento. Qual o percentual de gerentes sênior que desconhecem o fato de terem um recurso-chave à sua disposição? Se um funcionário morou na China antes da faculdade e tem familiaridade com os idiomas mandarim e cantonês, como um gerente sênior pode saber que dispõe de tais habilidades linguísticas e conhecimento sociocultural? Bem, ele pode estar familiarizado com essas informações caso a empresa faça uso de um sistema de competências completo e bem projetado.

Se um funcionário é bilíngue e em seu último cargo, ocupado há cinco anos, escreveu ou traduziu um manual técnico em espanhol, os gerentes seniores precisam estar cientes desse valioso recurso. No entanto, frequentemente não estão.

E, ainda, se um profissional de recursos humanos trabalhou na equipe de jornal da faculdade ou do colegial, como o gerente poderia perceber o seu potencial para a redação de manuais, artigos ou até mesmo de um livro? Esta percepção só é possível caso a empresa tenha desenvolvido um sistema com base em competências que inclua informações sobre as capacidades dos funcionários.

Sendo assim, é possível perceber por que este conceito tem sido cada vez mais utilizado?

O currículo focado em competências fornece aos gerentes a capacidade de reconhecer os talentos dos funcionários atuais e identificar suas potenciais competências. Os currículos com base em competências precisam constituir parte integrante de qualquer organização que faça uso do sistema de competências.

O novo modelo, que inclui currículos e treinamento de funcionários para a promoção de suas carreiras dentro de um sistema com base em competências, faz com que estes mesmos sistemas sejam mais completos. Além disso, possibilita que os gerentes estejam mais atentos às habilidades disponíveis em seu departamento.

PONTOS-CHAVE DO CAPÍTULO 2

Nos últimos dez anos pudemos observar ao redor do mundo uma explosão de interesse no uso de competências, em todos os níveis [Signe Spencer, coautor de *Competence at Work*].

Quais são algumas definições de competências?

As competências são:

- Características subjacentes, comportamentos, conhecimentos e habilidades exigidas para diferenciar o desempenho.
- Características que definem o que os funcionários com alto nível de desempenho fazem mais e, frequentemente, com melhores resultados.
- Características que auxiliam no melhor desempenho do trabalho.
- Descrição escrita e mensurável de um hábito pessoal e profissional utilizado para realizar o trabalho de forma eficaz.
- Uma lista de conhecimentos, atitudes e habilidades relacionadas que afetam grande parte de determinado trabalho.
- Competências relacionadas ao desempenho do trabalho.
- Mensuradas de acordo com os padrões de boa aceitação.
- Aperfeiçoadas com treinamento e desenvolvimento.

Por que tantas empresas adotaram o sistema baseado em competências?

As competências possibilitam:

- Linguagem comum para a identificação de habilidades e o desenvolvimento dos funcionários.
- Ênfase no desenvolvimento e análise de desempenho.
- Definição do tipo de comportamento que viabiliza o aumento da eficiência.
- Olhar mais humanizado em relação aos resultados, ou, melhor dizendo, acerca dos conhecimentos, habilidades e capacidades dos funcionários.

Em que níveis as competências são desenvolvidas dentro de uma empresa?

Existem três níveis principais nos quais as competências são desenvolvidas: organizacional, departamental ou funcional e individual.

- As competências organizacionais podem ser encontradas por toda empresa.
- As competências funcionais são identificadas para estimular conhecimentos específicos, habilidades e capacidades em um departamento ou área funcional.
- As competências individuais são desenvolvidas baseando-se nos conhecimentos, habilidades ou capacidades necessários para obter sucesso em diferentes cargos dentro de uma empresa.
- As competências podem ser definidas com base em diferentes níveis: profissional, supervisão, subgerência e gerente sênior.

Qual nível deve ter a meta, considerando que o funcionário possui competências para atuar em níveis diversos?

Identifique os níveis definidos pela empresa para o cargo de seu interesse. Em seguida, analise o nível mais alto já obtido em seu histórico de trabalho e cada competência apresentada e inclua-as em seu currículo.

Existem outros termos utilizados para competência?

As competências podem ser chamadas de dimensões, características ou componentes-chave para o sucesso. Elas também podem ser definidas como valores.

Como as competências são utilizadas para o treinamento e o desenvolvimento do funcionário?

As revisões de desempenho são frequentemente baseadas na percepção da capacidade dos funcionários em determinada lista de competências. Os empregadores realizam as avaliações e as utilizam para determinar os treinamentos necessários. Algumas empresas solicitam aos funcionários que identifiquem as lacunas nas competências e, então, agendam treinamentos.

Os melhores sistemas com base em competências auxiliam os gerentes de todos os níveis a tomarem conhecimento dos recursos que têm à disposição em seus departamentos.

Como posso utilizar meu novo currículo com base em competências para progredir em minha empresa?

Você pode adotar as seguintes medidas:

- Identificar o cargo almejado.
- Listar as competências para o cargo ao entrevistar os gerentes daquele departamento, conversar com pessoas que passaram pela mesma função ou, ainda, familiarizar-se com as listas de competências exigidas.
- Identificar as lacunas nas competências e buscar preenchê-las com treinamento, voluntariado e formação.
- Manter um registro de suas realizações e o modo como elas se relacionam com a competência desejada.
- Atualizar seu currículo periodicamente.
- Apresentar suas competências para as pessoas certas.

3. Identifique as competências relevantes

— *Você poderia me dizer, por favor, qual o caminho para sair daqui?*
— *Depende muito de aonde você quer chegar — disse o Gato.*
— *Não me importa muito onde... — foi dizendo Alice.*
— *Nesse caso não faz diferença por qual caminho você vá — disse o Gato.*
— *... desde que eu chegue a algum lugar — acrescentou Alice, explicando.*
— *Oh, esteja certa de que isso ocorrerá — disse o Gato. — Desde que você caminhe o bastante.*

Lewis Carroll, *Alice no país das maravilhas*

Ao contrário do Gato de Cheshire, acreditamos que você precisa saber o máximo possível sobre aonde quer chegar antes de iniciar a jornada. O processo anterior à redação de um currículo é familiarizar-se com o perfil que o gerente de contratação e a organização estão procurando. As competências são o lugar certo para começar.

> Mesmo que você esteja no caminho certo, alguém lhe atropelará se ficar parado.

Algumas organizações já identificaram as competências necessárias para o cargo e as deixam explícitas nos editais de contratação e na descrição do trabalho. Em outros casos, embora as empresas não adotem termos como "competências", "dimensões", "valores" ou "expressões comportamentais" em seus editais ou anúncios, ainda assim buscam competências específicas que atendam as demandas do cargo.

Ao familiarizar-se com a lista de requerimentos, ou ao identificar quais são as competências exigidas, é possível redigir um currículo voltado especificamente para as necessidades do empregador. O currículo focado em competências será um diferencial na percepção dos empregadores em relação aos demais candidatos ao emprego.

AS EMPRESAS QUE FAZEM USO DO SISTEMA DE COMPETÊNCIAS

Nos anúncios em que as competências são previamente listadas para o cargo, elas aparecem abaixo de títulos como "Competências" ou "Dimensões".

Cada vez mais, as empresas buscam explicitar em seus editais ou anúncios as competências exigidas para o cargo. No entanto, quando essas informações não estão claras é preciso saber identificá-las. Os quatro passos principais para reconhecê-las são:

1. Avaliar as competências mais óbvias necessárias para o cargo.
2. Observar anúncios publicados por empresas concorrentes.
3. Compilar uma lista de competências provenientes de outras fontes, inclusive sites de recrutamento, propagandas em jornais e revistas, associações profissionais e o site da empresa.
4. Selecionar entre 10 e 15 competências identificadas como as mais relevantes para o cargo que almeja, conforme os apêndices A e B.

Podemos citar como exemplo o Bank of America. Em fevereiro de 2004, a empresa disponibilizou, em um site de recrutamento, uma vaga para engenheiro de projeto sênior, no estado da Virgínia. No anúncio, as "Competências principais" foram listadas como:

- Vasto conhecimento e experiência em gerenciamento de projeto.
- Forte comunicação verbal e escrita.
- Habilidade em negociação e facilitação.
- Liderança e habilidade organizacional com ênfase em detalhes.
- Proficiência em MS Office, MS Project e Visio.

Se você já estiver trabalhando em uma empresa, poderá identificar a lista de competências-chave para cargos específicos ou para os níveis profissionais que deseja atingir:

- No site da empresa.
- Em comentários de desempenho dos funcionários na posição almejada.

- Em guias ou manuais da empresa.
- Ao questionar um colega de trabalho que atua no departamento almejado.

Nós *estamos* encorajando-o a utilizar os recursos disponíveis para identificar a lista de competências, caso a empresa tenha dedicado o tempo necessário para desenvolvê-la.

Se as competências não forem facilmente identificáveis, continue procurando.

Passo 1

Avalie as competências mais óbvias para o cargo.

Leia o edital ou anúncio para saber se as competências foram listadas abaixo do item "Pré-requisitos". Ao pesquisar as ofertas de emprego no site da empresa American Express, você não encontrará a palavra "competências", mas verá frases e palavras que se assemelham a competências-chave ou competências individuais sob o título: "Qualificações exigidas".

Passo 2

Observe os editais e anúncios publicados pelos concorrentes para cargos equivalentes e procure pela lista de competências. A seguir, determine se elas poderiam ser aplicadas para o cargo em que está interessado ou se precisa refazê-las ou modificá-las.

Passo 3

Comece a compilar uma lista abrangente de competências para o cargo.

A lista de competências para um cargo específico pode ser identificada em inúmeros lugares. Por exemplo, se almeja a vaga de gerente de recursos humanos em uma empresa que não fornece uma lista de competências, procure nos locais listados abaixo:

- Sites de recrutamento como catho.com.br ou infojobs.com.br. Observe os diversos anúncios e determine se as competências identificadas para este cargo estão de acordo com o que já sabe sobre a função.
- Sites de empresas concorrentes que apresentam o cargo desejado. Procure pelo cargo de gerente de recursos humanos, postado sob o título carreiras/empregos/seção de empregos.
- Anúncios de emprego em jornais e em outras fontes de publicações que apresentam cargo similar e lista de competências.
- Site da empresa em que está interessado. É possível identificar no site informações que ofereçam dicas sobre a cultura corporativa? A missão, a visão e os valores são fontes relevantes (e podem estar disponíveis on-line). Veja também o relatório anual da empresa, em especial as cartas dos diretores e da presidência. Tente perceber os valores mencionados nesses textos, e, ainda, quais são os problemas e as deficiências ressaltadas. Ambas as fontes podem oferecer informações importantes sobre as competências que a empresa requer para ser bem-sucedida no futuro.

> **Questão-chave:** Identifique a abordagem apresentada neste livro sobre a redação de currículos, pois é diferente da que se fazia no passado. A perspectiva do currículo baseado nas competências procura identificar, em primeiro lugar, quais são as necessidades do empregador. Sendo assim, redija-o tendo-as em vista. O modo tradicional de escrever currículos tende a ressaltar as habilidades e realizações do candidato, para em seguida relacioná-las ao cargo. **O currículo baseado em competências** *sempre* **considera primeiro as necessidades do empregador.**

Faça o exercício de se perguntar quais competências procuraria em um candidato, caso estivesse contratando um gerente. Analise o edital ou anúncio buscando por palavras-chave ou sinônimos que poderiam facilmente integrar uma lista de competências.

Procure ressaltar também os pontos mais relevantes da lista de competências-chave e individuais direcionadas para a sua respectiva área de trabalho. A maior parte das empresas identifica entre oito e 12 competências.[1] Em seguida, avalie o nível de especialização que a empresa provavelmente exige, naquela área, para o cargo em que está interessado.

A listagem abaixo ressalta algumas competências-chave mais comumente exigidas pelas empresas dos Estados Unidos:[2]

1. Orientações para resultados.
2. Iniciativa.

3. Impacto e influência.
4. Orientação de serviço ao cliente.
5. Compreensão interpessoal.
6. Consciência organizacional.
7. Pensamento analítico.
8. Pensamento conceitual.
9. Busca por informações.
10. Integridade.

Curiosamente, a lista das dez competências mais comuns no Reino Unido é um pouco diferente:[3]

1. Orientação de grupo.
2. Comunicação.
3. Gerenciamento de pessoas.
4. Foco no cliente.
5. Orientação para resultados.
6. Busca por solução de problemas.
7. Planejamento e organização.
8. Habilidades técnicas.
9. Liderança.
10. Conhecimento sobre negócios e poder de decisão (conjuntamente).

Podemos perceber que mesmo em países que falam o mesmo idioma as prioridades são diferentes no que se refere a competências. Da mesma forma, dentro de um mesmo país, cada empresa poderá apresentar necessidades e competências distintas.

As empresas desenvolvem uma lista particular de competências com base em sua cultura organizacional e nas metas estabelecidas, que podem ser muito diferentes de um local para outro. As empresas que se orgulham de serem progressistas, como a empresa produtora de chá Celestial Seasonings e a de sorvetes Ben and Jerry's, provavelmente enfatizariam competências diferentes em relação às mais conservadoras, de forma a serem coerentes com a cultura organizacional que buscam criar.

Em função do propósito do negócio ou da estratégia, a organização pode vir a priorizar diferentes competências. Por exemplo, se a estratégia da empresa é produzir com o menor custo do mercado ou se o diferencial está calcado na inovação, as competências definidas e enfatizadas serão distintas. Caso a empresa necessite colocar em prática algumas mudanças, as competências devem estar de acordo com as novas metas. Apesar destas considerações, é possível que a maioria das dez competências-chave faça parte da listagem de muitas empresas.

As listas de competências apresentadas ao longo do livro e nos apêndices estão quase sempre classificadas na ordem da frequência relativa com que cada uma distingue pessoas com desempenho mediano das que apresentam maiores resultados. A exceção é a primeira lista de "competências-padrão" que aparece neste capítulo, a qual contém as dez competências mais comuns (que não estão em ordem específica).

De acordo com Signe Spencer, nos últimos anos a mudança mais significativa da lista é a crescente importância da competência "Integridade", percebida como particularmente importante nos cargos mais altos das empresas.[4]

Considerando que cada empresa possa identificar competências distintas e ter diferentes necessidades para uma mesma função, os apêndices A e B incluem uma lista mais completa para análise.

A lista de competências incluída no apêndice A foi identificada pelos autores Edward J. Cripe e Richard S. Mansfield no livro *Profissionais disputados*. O foco são as 31 maiores competências e os comportamentos associados a cada uma delas.

Passo 4

Analise cuidadosamente a lista de competências incluída nos apêndices A e B. Assinale as mais significativas para o cargo que almeja obter. Em seguida, volte para a etapa inicial e edite sua lista com base nas competências que o gerente de contratação poderia identificar. A listagem deve limitar-se aos 10 ou 15 tópicos mais importantes.

Dessa forma, você selecionou as competências mais importantes para o cargo de seu interesse. Agora, descubra se há alguma competência funcional ou individual que a empresa possa incluir na lista. Por exemplo, se for um engenheiro, a expectativa é de que as competências sejam mais específicas, como conhecimento técnico em engenharia submarina ou equipamentos rotativos.

As empresas irão identificar em média entre oito e 12 competências, no entanto, sugerimos que a sua lista apresente entre dez e vinte, para que inclua com certeza as que a empresa selecionou. Avalie a importância de cada competência para ser bem-sucedido no cargo. Um número extenso de empresas utiliza o método de seleção baseado em competências para classificar ou priorizar cada uma delas, com foco no cargo ou em suas percepções sobre a importância geral da competência para o sucesso no trabalho.

Em função do cargo, a empresa irá requerer níveis distintos de conhecimento e habilidades dentro de cada competência. Por exemplo, espera-se que um profissional sênior da área de recursos humanos ou um gerente tenha maior consciência organizacional e autonomia do que um funcionário júnior recém-formado. A empresa espera que ambos apresentem consciência organizacional e iniciativa, mas a expectativa é de que o primeiro apresente um nível muito mais alto.

Embora as empresas definam os níveis de especialização para cada competência com base na experiência, além de outros fatores, o foco para escrever um currículo eficaz deve ter em vista a identificação das principais competências e o resumo das realizações *mais significativas* para cada área, não exclusivamente nos diferentes níveis de realização.

Nesta etapa, espera-se que o leitor tenha uma lista de competências à disposição para redigir o currículo. Confira a lista com os itens apresentados pela concorrência. Continue procurando por novas competências, tanto na internet quanto em anúncios impressos. Pergunte às suas melhores fontes de informação e mentores se eles concordam com a lista redigida. Busque adaptar a lista de acordo com as novas informações obtidas.

Parabéns — você completou o primeiro grande passo. Agora estamos prontos para começar a redigir seu currículo.

PONTOS-CHAVE DO CAPÍTULO 3

Para acertar a flecha, é preciso ver o alvo.

Qual é o primeiro passo para identificar as competências *certas* a serem incluídas no currículo baseado em competências?

Analise primeiro o edital, anúncio ou descrição do cargo a ser desempenhado na empresa. A cada dia, vemos um número maior de organizações divulgando listas com as competências que procuram.

Caso a empresa *não* informe a lista de competências que procura, como posso criar minha lista de competências-chave? Onde encontro pistas para identificação das competências?

- Analise as competências óbvias para o cargo.
- Observe editais e anúncios dos concorrentes para cargos equivalentes e veja se listaram as competências exigidas para o posto. A seguir, determine se estas mesmas competências funcionam para o trabalho que você procura.
- Visite sites de emprego, como catho.com.br ou infojobs.com.br e procure as listas de competências para cargos semelhantes.
- Visite os sites de empresas concorrentes da que almeja trabalhar que também ofereçam cargos semelhantes.
- Leia anúncios de emprego em jornais e outras fontes de publicação e veja se consegue reunir as competências esperadas para a área profissional de seu interesse.

- Pesquise no site da sua associação profissional para ajudá-lo a identificar competências.
- Visite o site da empresa na qual deseja trabalhar e leia todas as publicações para encontrar informações que possam oferecer pistas sobre sua cultura organizacional e seus valores.

Quais são as competências mais comumente adotadas pelas empresas?

A seguir, a lista-padrão com a maioria das competências utilizadas nas organizações:

- Orientação para resultados.
- Iniciativa.
- Impacto e influência.
- Serviço de orientação ao cliente.
- Compreensão interpessoal.
- Consciência organizacional.
- Pensamento analítico.
- Pensamento conceitual.
- Busca por informações.
- Integridade.

Lembre-se de que estas são as mais comuns, não as únicas competências almejadas pela empresa que procura.

Cada empresa desenvolve a sua própria lista de competências, que pode mudar conforme a cultura organizacional e os objetivos da empresa.

4. Crie um currículo focado no empregador

POR QUE VOCÊ DEVE DESENVOLVER UM CURRÍCULO BASEADO EM COMPETÊNCIAS?

O primeiro grande motivo: currículos baseados em competências são muito melhores do que a maioria dos currículos convencionais para demonstrar que seus conhecimentos, experiências e habilidades combinam com o cargo.

É como usar as cores do seu time durante um jogo de futebol: outros torcedores reconhecerão imediatamente que você é parte do grupo, uma vez que é *compatível* com a imagem que a torcida daquele time deve apresentar.

Vamos lhe ensinar a realçar as competências que os recrutadores procuram, de modo que sua adequação fique evidente. Os currículos baseados em competências possibilitam aos empregadores reconhecer com mais facilidade quais são as suas habilidades e o que você fez para demonstrar que está apto a executar o trabalho, que é capaz de superar as metas de negócios, aumentar o lucro e economizar tempo ou dinheiro.

Consultores de carreira geralmente concordam que a principal razão do currículo seja ajudar o candidato a conseguir uma entrevista. O currículo baseado em competências ajuda a convencer os gerentes de contratação, os profissionais de recursos humanos e os recrutadores de que você possui as habilidades e competências que eles buscam, isto é, que vale a pena entrevistá-lo e, eventualmente, contratá-lo.

O segundo grande motivo: os currículos baseados em competências visam à necessidade do empregador e funcionam de forma mais eficaz porque colocam as necessidades da empresa em primeiro lugar.

Tradicionalmente, quando consultores de carreira trabalham com candidatos para desenvolver seus currículos, eles os ajudam a identificar seus pontos fortes e a explicar suas realizações de forma clara. A ênfase recai na formação do indivíduo e não nas necessidades do empregador.

Em oposição, os currículos com base em competências funcionam melhor porque enfatizam as necessidades do empregador. Quando você apresenta um currículo nestes moldes, deixa claro que se encaixa ao que eles procuram.

> **Dica**: A abordagem ao escrever o novo modelo de currículo é diferente da forma como você os escrevia anteriormente. Nós recomendamos que siga os seguintes passos:

1. Identifique as competências para o cargo.
2. Avalie as suas realizações que demonstram conhecimento ou experiência em cada uma dessas competências.
3. Desenvolva listas de realizações que comprovem o máximo de competências possível.
4. Escreva um resumo que enfatize suas experiências e pontos fortes relacionados às competências-chave para o cargo. Inclua informações relevantes e personalize esta seção, se houver espaço.
5. Determine qual será o formato do currículo com base em competências, isto é, cronológico, funcional, direto, ou uma combinação desses. Defina o que melhor atende às suas necessidades e prepare o primeiro rascunho do currículo.
6. Lembre-se de incluir seções sobre a sua formação e outras informações que sejam relevantes para o empregador.
7. Adicione listas de realizações relacionadas às suas competências e, se ainda houver espaço, outras comprovações de bom desempenho.
8. Priorize, no resumo, frases relacionadas às competências, e, na seção apropriada do currículo, insira realizações baseadas em competências.
9. Reveja e aprimore o seu currículo. Peça contribuições a outros profissionais.
10. Finalize o currículo. Desenvolva uma versão eletrônica que apresente palavras-chave.

QUEM PODE SE BENEFICIAR AO UTILIZAR UM CURRÍCULO BASEADO EM COMPETÊNCIAS?

Acreditamos que você apresentará as suas realizações de modo mais efetivo, tanto para os entrevistadores quanto para os gerentes de contratação, se usar um currículo baseado em competências.

Apresentamos a seguir uma lista dos benefícios de desenvolver o currículo e de utilizá-lo para se autopromover no mercado de trabalho. Esse modelo de currículo irá:

- Confirmar aos empregadores que você possui o nível de conhecimento ou as competências que procuram.
- Aumentar a probabilidade de ser selecionado para entrevistas para os cargos que almeja.
- Ajudar você a ser percebido como uma pessoa competitiva.
- Facilitar as explicações, de forma positiva, das áreas de sua formação que apresentam maior deficiência.

Um cliente procurava um emprego há mais de vinte meses quando começamos a ajudá-lo no desenvolvimento de seu currículo e a assessorá-lo na busca por um novo cargo. Naquele momento, ele não estava só com problemas financeiros, mas também com a confiança abalada.

Nós o ajudamos a desenvolver um currículo baseado em competências para enfatizar os aspectos que os melhores empregadores procuravam em um profissional de vendas.

Trabalhamos juntos até que ele conseguisse explicar, claramente, sua experiência em vendas de itens periféricos de computadores, seus pontos fortes e o que ele pretendia com os cargos futuros.

Durante nossa primeira sessão ficou claro que ele obtivera resultados de venda significativos e diversas premiações, mas que não os apresentava de forma objetiva no currículo ou os enfatizava durante as entrevistas.

Cinco semanas após finalizar o currículo baseado em competências, ele aceitou um novo emprego como gerente de vendas distrital em uma importante empresa de telecomunicações, e recusou duas outras boas oportunidades.

Os currículos com base em competências funcionarão para você da mesma forma. Eles vão lhe proporcionar uma vantagem sobre os concorrentes com formação similar.

QUAL É A APARÊNCIA DE UM CURRÍCULO COM BASE EM COMPETÊNCIAS?

À primeira vista, esses currículos parecem com qualquer outro. A mudança é sutil, porém poderosa.

Apresentamos um exemplo de como um currículo baseado em competências foi desenvolvido para um gerente de TI da American Express, interessado em uma promoção. Vamos discriminar as etapas utilizadas para desenvolver este novo modelo de currículo.

No Capítulo 9 você encontrará um currículo detalhado com uma lista de verificação, em que estão incluídas todas as etapas que se seguem.

1. Identifique as competências para o cargo

Neste caso, o gerente sabia que sua empresa definira competências para a maioria dos cargos de gerência e que ela conduzia, durante a entrevista, uma análise comportamental com base nelas. Ele imediatamente reconheceu os benefícios de desenvolver um currículo focado em competências e entendeu que o documento poderia ajudá-lo a conseguir uma entrevista.

VISÃO GERAL SOBRE AS COMPETÊNCIAS DE LIDERANÇA*

As competências de liderança são a base para o plano de desenvolvimento:

Desenvolve estratégias bem-sucedidas

Tem uma perspectiva ampla e cria estratégias nítidas para alcançar os objetivos. Demonstra conhecimento abrangente sobre as atividades do concorrente e tendências de mercado. Compreende os principais propulsores de negócios; utiliza informações financeiras e de outras fontes, empresariais e comerciais, para identificar oportunidades.

---

*Reproduzido com permissão de American Express, Global Talent. (N. do A.)

Orientação para resultados

Assume a responsabilidade de atingir metas individuais e da equipe. Estabelece planos consistentes com antecedência e toma atitudes para que o projeto avance. Direciona-se a alvos flexíveis. Ajusta ações para responder e capitalizar de acordo com as circunstâncias. Gerencia o tempo de forma eficaz, monitorando o desempenho a despeito de prazos finais e etapas estabelecidas.

Foco no usuário/cliente

Antecipa, de maneira proativa, a necessidade do usuário. Entende pedidos específicos e utiliza-se deles para promover produtos AXP, além de buscar oportunidades para estabelecer um novo contrato ou melhorar um já existente. Garante o melhor custo. Certifica-se de que a experiência do cliente seja positiva, eficaz e de alta qualidade, para continuar a enaltecer a marca American Express.

Conduz à inovação e à mudança

Realiza análise sistemática e racional para identificar a raiz do problema. Está preparado para desafiar o *status quo* e inova ao pensar de maneira não convencional. Julga com embasamento. Apresenta ideias/soluções criativas.

Constrói e alavanca relacionamentos

Coordena esforços/recursos dentro e por meio dos grupos para atingir os objetivos. Reconhece a importância do trabalho em equipe para obter resultados, contribui com informações, sugestões e conhecimentos de pessoas fora da equipe. Constrói relacionamentos fortes dentro e entre as equipes.

Comunica-se de maneira eficaz

Comunica-se de modo aberto e confiante. Influencia e convence outros de modo a conseguir aceitação e concordância. Molda conversas assegurando foco e entendimento. Fala francamente, debate à mesa de reuniões, e não depois, e mostra-se engajado em confrontos construtivos. É um bom ouvinte.

Constrói talentos diversificados

Cria um ambiente de trabalho extremamente comprometido, no qual as pessoas são motivadas e encorajadas a obter resultados, delegando atividades e desenvolvendo habilidades dos colaboradores. Assume a responsabilidade de construir uma equipe por meio de liderança e habilidades técnicas diversificadas. Ajuda a fortalecer a reputação da American Express como empregador.

> **Demonstra talento pessoal**
>
> Atua de modo íntegro. Demonstra energia e resiliência e se mantém comprometido diante de dificuldades e obstáculos. Mantém as dificuldades sob perspectiva e permanece positivo. Conhece as próprias limitações e pontos fortes e está focado no autodesenvolvimento. É autêntico, acessível, aberto e honesto.

Como ele pôde identificar as competências adequadas? Apesar de não estarem incluídas no anúncio do emprego, sabia onde encontrá-las no site da empresa *(Nota: Por vezes você tem que desenvolver recursos para identificar as competências adequadas. Informações sobre como identificar competências, mesmo as mais "escondidas", estão no Capítulo 3).*

A seguir a lista de competências usadas pela empresa para o cargo que ele almejava:

Ideias

- Criação de soluções inovadoras
- Pensamento analítico e conceitual
- Atuar de forma estratégica e global

Resultados

- Orientação para resultados
- Superar as expectativas do cliente
- Assumir riscos
- Tomar decisões

Relacionamentos

- Colaborar e influenciar outras pessoas
- Demonstrar integridade
- Tratar as pessoas com respeito

Pessoas

- Gerenciar os desempenhos
- Desenvolver funcionários
- Gerenciar mudanças

2. **Pense em algo que fez que exemplifique seu conhecimento ou experiência em cada uma das competências.**

Determine uma abordagem que funcione para você. É um pensador linear? Em caso positivo, considere o que fez em cada cargo em que trabalhou e faça uma lista de competências. Se não é um pensador linear, o que o ajudará de forma mais eficaz é simplesmente fazer uma lista por área de competência. Faça anotações.

3. **Desenvolva uma lista de realizações que consiga comprovar o maior número de competências que você possui.**

É importante utilizar as suas habilidades de escrita, assim como a sua tolerância a frustrações. Na verdade, você precisa usar seu próprio tempo da forma mais eficaz possível. Para isso, pode contratar um consultor para ajudá-lo a desenvolver sua lista de realizações e o restante do currículo. Ou, se preferir, pode escrevê-lo sem ajuda de um profissional.

O primeiro passo para descrever seu desempenho é resgatar a lista desenvolvida no item 2 e, então, comparar as ideias e anotar o maior número de exemplos que puder *para cada competência*. Realce os pontos mais importantes e, neste estágio, procure não se preocupar com as palavras.

Veja a seguir a lista que o gerente de TI desenvolveu.

Ideias

Criando soluções inovadoras: Projetou e implementou, por meio do desenvolvimento de tecnologia externa, uma ferramenta de referência a ser utilizada internamente, que, agora, está sendo aprimorada para aplicação global, de modo a sustentar a vantagem em relação à competição regional. Liderou o desenvolvimento de um produto da web, oferecendo apoio na instalação de plataformas multicliente para gerentes de relacionamento. Premiado com o Global Recognition and Award for Excellence por superar as expectativas ao identificar soluções inovadoras para acelerar o lançamento global de produtos na web e estabelecer processos nos mercados regionais voltados para o cliente e para as exigências do mercado.

Pensando de forma analítica e conceitual: Premiado pelo Chairman´s Award for Achievement por apresentar soluções e alternativas para acelerar o aprimoramento do produto. Liderou o projeto SIX SIGMA; reduziu o tempo do ciclo do desenvolvimento do projeto, que resultou em economia de custos e lançamento antes do prazo estabelecido.

Agindo de maneira estratégica e global: Premiado pelo Chairman's Award for Achievement por liderar a implementação de nova linha de um produto, pavimentando o caminho para aumentar a comunicação eletrônica com o consumidor. Coordenou a implementação com parceiros internacionais, de forma a assegurar que o produto congregasse exigências locais, regionais e globais. Trabalhou diretamente com o processo de cobrança, para garantir que o produto P&L estava de acordo com as metas de estratégia e a receita disponível. Criou, revisou e negociou a documentação para o pedido de financiamento SQP, garantindo que as demandas do cliente fossem atendidas.

Resultados

Conduzindo a resultados: Recebeu o prêmio Global Recognition and Award for Excellence ao liderar o grupo e desafiar o *status quo*, resultando na implementação e lançamento bem-sucedidos do produto-piloto, apesar de obstáculos na economia, homologações de segurança e exigências de alterações. Manteve a migração de produtos *legacy* para ferramentas alternativas, a despeito de dificuldades no ambiente econômico e do impacto no desempenho de sistemas.

Superando as expectativas do cliente: Refez o guia de material do usuário e colocou informações no site, facilitando o acesso ao material de apoio.

Assumindo riscos: Premiado com o Global Recognition Award por superar as expectativas em assumir riscos, enquanto mantinha o foco no cliente, ao lançar produtos no mercado regional de outros países por meio do site dos Estados Unidos, quando a infraestrutura do sistema local não podia suportar tal lançamento. Encontrou-se com muitos clientes para lidar diretamente com as suas preocupações.

Tomando decisões: Com frequência, tomou decisões para mudar produtos sem aprovação inicial do gerente sênior, com o objetivo de se manter dentro do prazo. Manteve comunicação com o gerente para garantir a aprovação final.

Relacionamentos

Colaborando e influenciando outros: Estabeleceu novos relacionamentos dentro da American Express, com funcionários de áreas e departamentos diversos. Formulou um processo voltado para as relações entre os fornecedores, de maneira que pudessem receber informações diretas para a negociação de contratos. Construiu novas relações com grupos regionais e agora comparece a reuniões mensais para manter os grupos informados sobre as mudanças no mercado. Estabeleceu a comunicação entre tecnologias, serviços, gerenciamento de relacionamento e clientes, fortalecendo a rede para troca de informações entre gerenciamento de serviços e produtos. Realizou apresentações/demonstrações de produtos em inúmeras reuniões, bem como diretamente para clientes, o que garantiu a retenção de milhões de dólares em viagens de negócios.

Desenvolvimento de pessoas: Mantém funções adicionais ao prestar orientação e treinamento aos colegas.

O próximo passo é buscar ser mais específico e desenvolver bem a escrita para definir realizações para cada competência. A maioria dos consultores de carreira concorda que realizações fortes incluem três componentes, às vezes referidos como P-A-R:

- Problema ou situação
- Ação
- Resultado

(*Nota: Consultores de carreira podem discordar da ordem em que estes três elementos devem aparecer.*)

Se você tiver dificuldades para pensar em exemplos específicos, pode pedir ajuda a um mentor ou consultor. Quando o gerente de TI encontrou dificuldades em dar exemplos para a competência "tratar as pessoas com respeito", sugerimos que utilizasse experiências de quando ele havia trabalhado com grupos. Por exemplo:

> - Em 2001, foi indicado para o prêmio Performer Award por identificar necessidades de mercado nos Estados Unidos, Ásia/Pacífico e América Latina, bem como de determinar as aplicações do produto para software.
> - Reconhecido por sua aptidão para relacionamentos de trabalhos eficazes com grupos/ambientes culturais distintos ao ser solicitado para participar de reuniões mensais internacionais de gerência de relacionamento.

O gerente lembrou-se de muitas outras realizações que poderiam ser incluídas em seu primeiro rascunho. Na maioria dos casos, ele precisou tomar algumas decisões. Quais eram as realizações que melhor demonstravam as suas competências?

Lembre-se, quando estiver trabalhando em sua lista de realizações, de escrever de forma concisa e com convicção. O arquiteto Ludwig Mies van der Rohe é conhecido por construir arranha-céus com a filosofia do design de que "menos é mais". Essa máxima também pode ser aplicada a um currículo.

Observe o currículo baseado em competências de Daniel Marrs, nas páginas 76-85, para mais exemplos das realizações que concordamos em incluir.

> **Dica**: Leia o Capítulo 5 para conhecer algumas ideias específicas sobre como escrever sua lista de realizações de maneira eficaz.

4. Escreva um resumo para enfatizar suas experiências e seus pontos fortes relacionados com as competências-chave para o cargo. Inclua informações relevantes e personalize a seção, se houver espaço.

Resumo

Gerente de desenvolvimento de produtos com experiência em informação de cartões de viagem pré-pagos. Reconhecido por atingir resultados ao lançar produtos ativados na web para viabilizar a desativação de produtos *legacy*; acelerar a implementação de ferramentas de relatório em mercados regionais e projetar/desenvolver banco de dados para despesas de viagem de parceiros. Pontos fortes incluem: construir relações de trabalho eficazes ao colaborar e influenciar clientes/colaboradores e trabalhar com o gerente para desenvolver membros da equipe, atuando como especialista no assunto cartão de viagens, compras e despesas. Inovador, analítico, assume riscos e tem um histórico comprovado de desenvolvimento em soluções globais. Licenciado para pilotar aviões a jato com motor de alto desempenho. Certificado Six Sigma: Green Belt, 2002. Certificados técnicos: SQL Database, MS Access.

Preste atenção nas maneiras distintas como o resumo enfatiza as competências que a empresa identificou como fundamentais para o cargo.

Eis uma lista de algumas das competências-chave e seus sinônimos incluídos no resumo:

- Reconhecido por atingir resultados.
- Construção de relações de trabalho eficazes (no âmbito jurídico, é mais aconselhável utilizar a palavra trabalho).
- Colaborar e influenciar.
- Desenvolver membros do grupo.
- Inovador.
- Analítico.
- Assume riscos.
- Soluções (similar a resultados. Optou-se por esse termo por ser mais valorizado na empresa em questão).

Além disso, incluímos informações sobre a licença de voo, o certificado Six Sigma, e as habilidades em computação com o objetivo de demonstrar sua capacidade de atingir objetivos e entender informações técnicas.

Os resumos são relevantes porque oferecem ao leitor impressões iniciais sobre a sua formação e porque são eles que irão apresentá-lo ao gerente de contratação. Questione-se: o resumo enfatiza a mensagem adequada, com base nas competências, para ajudá-lo a se sobressair em relação aos demais concorrentes?

Para mais informações sobre como escrever resumos com base em competências, ou sobre as seções com o perfil do candidato, consulte o Capítulo 7.

5. Determine o formato de currículo a ser utilizado. Ele pode ser cronológico, funcional, direto ou uma combinação destes elementos, de maneira que se adéque melhor às suas necessidades. Prepare o primeiro rascunho do currículo.

Neste caso, o cliente trabalhava na empresa havia muitos anos. E trabalhara sob o comando direto de duas das pessoas que esperava estarem envolvidas na decisão de dar-lhe ou não uma promoção. Eles já conheciam o candidato e seu trabalho.

Tendo em vista que o cliente apresentava uma formação com poucas especializações e buscava um currículo que garantisse que ele fosse selecionado para uma entrevista, com o objetivo de obter uma promoção, decidimos ajudá-lo a desenvolver um currículo baseado em competências de forma cronológica. Em outros casos, um formato diferente seria mais adequado. As instruções para a escolha do formato serão apresentadas no Capítulo 6.

6. **Lembre-se de incluir seções sobre a sua formação e quaisquer outras informações importantes para o empregador em potencial.**

Nos últimos anos, houve casos em que candidatos falsificaram suas informações acadêmicas. Nesta seção, é importante prestar atenção nos detalhes. Se empregadores forem verificar a veracidade de algum dado em seu currículo, provavelmente será para se certificarem de que você realmente recebeu o diploma na instituição de ensino que consta em seu currículo.

Assegure-se de que as datas estão corretas, caso opte por incluí-las. A necessidade de adicionar o ano em que recebeu o diploma e outros dados importantes relacionados à formação está mais detalhada no Capítulo 7.

> **Dica:** De modo geral, a maioria dos consultores de carreira encoraja seus clientes a somente incluir a data de conclusão de curso quando ela for recente (dentro de um período de 10 anos), para evitar a discriminação em função da idade.

7. **Adicione uma lista de realizações relacionadas a competências e, se ainda houver espaço, inclua outras realizações.**

Determine uma forma de *adequar* as suas realizações às descrições que aparecem em seu currículo. Se você sabe o peso dado às competências, tente apresentar as mesmas porcentagens de realizações na área de cada uma delas. Este tipo de informação pode estar disponível caso já trabalhe para a empresa e esteja interessado em uma promoção ou transferência ou se, caso queira entrar para a empresa, tiver sorte ou experiência suficiente para ter "contatos internos".

Verifique se o número de realizações listadas em cada seção é razoável. Avalie quanto tempo permaneceu em cada emprego e se as atividades realizadas estão de acordo com o que pretende fazer no futuro. A decisão sobre o número de realizações inseridas no currículo será analisada nos Capítulos 5 e 8.

> **Dica:** Se você, por exemplo, decidiu desenvolver um currículo cronológico, deverá apresentar de cinco a oito realizações relacionadas ao seu trabalho mais recente — a não ser que esteja neste cargo há pouco tempo. Mas, se quer desenvolver um currículo funcional, planeje apresentar entre três e seis realizações para cada área funcional. Existem motivos convincentes para se apresentar mais ou menos realizações em uma seção, você deverá avaliar o que é mais adequado.

8. No resumo, priorize frases relacionadas às competências e, na seção apropriada do currículo, insira realizações baseadas em competências.

9. Reveja e aprimore o currículo. Peça a contribuição de outros profissionais.

Ao editar e revisar o currículo, é extremamente importante parecer o mais profissional possível. Certifique-se de que a fonte utilizada seja adequada e grande o suficiente para que os gerentes com problema de visão possam enxergar sem óculos. Lembre-se de que o currículo é um trabalho em andamento. Sempre o elabore de acordo com as competências necessárias para cada cargo. As sugestões específicas estão no Capítulo 8.

10. Finalize o currículo. Desenvolva uma versão eletrônica com uma seção de palavras-chave, que inclua as competências (e alguns de seus sinônimos), de forma a aumentar a chance de ser selecionado para uma entrevista quando a empresa utilizar o software de filtragem.

Analise os currículos apresentados nas páginas a seguir, pois eles se adequam a esta abordagem. O currículo original foi inserido na página 76 e, em seguida, encontra-se o currículo que assessoramos o cliente a desenvolver. É possível ver claramente a diferença que o método baseado em competências traz. Funcionou para Dan e funcionará para você.

Lembre-se: Este sistema utiliza apenas dez passos-chave. Você está pronto para começar?

CURRÍCULO ORIGINAL

Daniel Marrs

451 Bonhomme Ave (314) 954-3950
St. Louis MO 63105 (314) 599-0000
dan.r.marrs@aexp.com

OBJETIVO

Continuar a progredir na carreira dentro da empresa ao expandir minha influência; coordenar e direcionar habilidades para além do desenvolvimento de produtos, em áreas desafiadoras que incluirão aspectos de gerenciamento da informação, nos quais minha experiência e realizações permitirão o desenvolvimento de recursos para funcionários e processos.

EXPERIÊNCIA

1992 — Presente
AMERICAN EXPRESS, St. Louis, MO

1997 — Presente
Gerente global de desenvolvimento de produto

Sou responsável por direcionar o desenvolvimento global e o gerenciamento de produtos de informação para usuários internos e externos, por meio do gerenciamento do sistema de informação para cartões de viagem pré-pagos; relatórios de

DANIEL MARRS   Página 2

EXPERIÊNCIA *(cont.)*

encomendas, programa de relatório de viagens, aquisição de programa de rastreamento, programa de uso do cartão, programas financeiros e para gerência de projetos, que variam desde a instalação de PCs até produtos interativos na web.

1995-1997
Serviço ao cliente: especialista

Gerenciei o desenvolvimento de uma base de dados de treinamento para turmas internas e externas enquanto, paralelamente, era responsável pelo desempenho do suporte de atendimento ao cliente como líder de atendimento. Criei uma base de dados em garantia de qualidade para assegurar a eficácia do processo. Forneci suporte secundário em nível doméstico e internacional. Fui responsável pela realização do relatório de auditoria e pela personalização do relatório de clientes, baseado na necessidade do cliente por auditorias. Além disso, fui o responsável pela implementação de novas contas.

AMERICAN EXPRESS

1994-1995
Serviço ao cliente: consultor

- Gerenciei o suporte de responsabilidades como líder de atendimento ao cliente, por meio de uma ferramenta especializada para relatório de viagens.

DANIEL MARRS   Página 3
_____

EXPERIÊNCIA *(cont.)*

- Realizei treinamento interno e externo voltado a clientes.
- Contribuí no lançamento das ferramentas de relatório do cartão MIS PC.

1992-1994
Serviço ao cliente: analista

- Fui responsável pela conclusão oportuna e precisa da análise dos relatórios de auditoria.
- Personalizei os relatórios de clientes com base em sua necessidade para uma auditoria.
- Implementei novas contas MIS.

DEPARTAMENTO NORTE-AMERICANO DE TRANSPORTE, Wichita Falls, TX 1980-1992

Controlador de tráfego aéreo

- Trabalhei com controle de abordagem pelo radar, radar remoto e centro de certificação.

DEPARTAMENTO NORTE-AMERICANO DE TRANSPORTE

Projetos adicionais: criei e implementei um programa de simulação para reduzir significativamente o tempo de aprimoramento e de certificação de operadores de controle

DANIEL MARRS   Página 4

EXPERIÊNCIA *(cont.)*

de tráfego aéreo. Gerenciei o desempenho individual e de carreira para a equipe subordinada.

PROFICIÊNCIAS

Microsoft Project, Microsoft Access, SQL, Microsoft Word, Microsoft Excel

FORMAÇÃO

Academia da Força Aérea; Certificação Green Belt Six Sigma

PREMIAÇÕES

2000, 2001 Global Recognition Award for Excellence.
1995, 1999, 2000 Chairman's Award for Achievement.
1999, 2000, 2001 Annual Star Performer Award
1994, 1999, 2001 Letter of Appreciation.
1992 Accommodation Award.

CURRÍCULO COM BASE EM COMPETÊNCIAS

Daniel Marrs

451 Bonhomme Ave	(314) 954-3950/(314) 494-8530
St. Louis MO 63105	dan.r.marrs@aexp.com

RESUMO

Gerente de desenvolvimento de produtos com experiência em informação de cartões de viagem pré-pagos. Reconhecido por atingir resultados ao lançar produtos ativados na web para viabilizar a desativação de produtos *legacy*, acelerar a implementação de ferramentas de relatório em mercados regionais e projetar/desenvolver banco de dados para despesas de viagem de parceiros. Pontos fortes incluem: construir relações de trabalho eficazes ao colaborar e influenciar clientes/colaboradores e trabalhar com o gerente para desenvolver membros do grupo, atuando como especialista no assunto cartão de viagens, compras e despesas. Inovador, analítico, assume riscos e tem um histórico comprovado de desenvolvimento em soluções globais. Licenciado para pilotar aviões a jato com motor de alto desempenho.

Certificados Six Sigma: Green Belt, 2002.
Certificados técnicos: SQL Database, MS Access.

DANIEL MARRS   Página 2

EXPERIÊNCIA

AMERICAN EXPRESS, St. Louis, MO
1992 — Presente

Premiações da empresa: *Global Recognition Award for Excellence* (2001, 2000), *Chairman's Award for Achievement* (2000, 1999, 1995), *Annual Star Performer Award* (2001, 2000, 1999), *Letter of Appreciation* (2001, 1999, 1994).

Gerente global de desenvolvimento de produto
1997 — presente

- Reconhecido em 2001 pelo *Global Recognition Award for Excellence* ao identificar soluções inovadoras para acelerar o lançamento global de relatórios de viagens corporativas, de forma a atender às necessidades dos clientes internacionais e a exigências regionais.
- Premiado em 2000 com o *Global Recognition Award for Excellence* por liderar a equipe e desafiar o *status quo* ao implementar produto-piloto/lançamento dentro do cronograma, apesar das mudanças na economia e das exigências de segurança.
- Premiado em 1999 com o *Chairman's Award for Achievement* por solucionar/trazer alternativas para acelerar o desenvolvimento e os testes para melhorias de novos produtos. Liderou o Projeto Six Sigma, voltado para a redução do tempo de desenvolvimento de projetos em 40%, o que resultou em significativa economia e aumento da satisfação do cliente.

EXPERIÊNCIA *(cont.)*

- Evitou gastos no valor de US$125 mil ao contratar e acelerar o desenvolvimento da ferramenta de produto para relação com parceiros em seis meses; aumentou os prazos de processamento, incluiu dados referentes a tendências da indústria e contribuiu para expandir as aplicações globais e diminuir a vantagem da concorrência regional.
- Foi responsável pela migração bem-sucedida de duzentos clientes corporativos dos produtos *legacy* para ferramentas alternativas de relatório/soluções, apesar do baixo desempenho da economia e do sistema; imediatamente poupou 1.000 horas de trabalho dos funcionários com previsão de economia de US$1 milhão com a conclusão do projeto, em 2004.
- Superou as expectativas ao assumir riscos enquanto mantinha o foco nos clientes ao lançar produto no mercado de diversos países utilizando sites norte-americanos em um momento em que a infraestrutura do sistema apresentava capacidade insuficiente, resultando na economia de US$250 mil.
- Trabalhou com profissionais da American Express da América Latina, Ásia e Europa. Foi reconhecido por sua competência no desenvolvimento de relacionamentos de trabalho eficazes com diversos grupos/ambientes culturais ao ser convidado a frequentar mensalmente as reuniões gerenciais de relacionamento.

DANIEL MARRS   Página 4

EXPERIÊNCIA *(cont.)*

- Premiado em 2001 com o *Star Performer Award* por avaliar as necessidades do mercado e determinar a aplicação de produtos em uma nova ferramenta para relatórios de viagem.

- Em 2000, recebeu o *Star Perfomer Award* por assegurar o lançamento de um produto dentro do prazo, tomando decisões críticas sobre as mudanças no projeto antes da conclusão da estratégia de comunicação. Manteve contato contínuo com os chefes do departamento para garantir que estivessem envolvidos no processo.

Especialista em atendimento ao cliente
1995-1997
Consultor de atendimento ao cliente
1994-1995

- Recebeu o *Chairman's Award for Achievement* em 1995 ao projetar e padronizar o treinamento ao cliente em novos produtos de viagem.
- Organizou a conferência *Information Services Users*, assistida por duzentos gerentes de viagem e recebeu, em 1995, o *Star Performer Award*.
- Reconhecido com a *Letter of Appreciation* por manter a conta da firma de contabilidade Big Five após receber um parecer do gerente de clientes e vendas, informando que o relacionamento com a empresa estava em risco.

DANIEL MARRS   Página 5

EXPERIÊNCIA *(cont.)*

- Reuniu-se com gerentes seniores de clientes insatisfeitos, construindo uma nova base de relacionamento. Desenvolveu soluções inovadoras para gerenciar o T&E e criou oportunidades de US$300 milhões em novos negócios.
- Analisou as necessidades de cem clientes para desenvolver um plano de informação para gerentes. Facilitou os ciclos de produção de relatórios, demonstração de produtos, treinamento e solução de problemas, aumentou a utilização do produto e o entendimento sobre as tendências de mercado.

Analista de atendimento ao cliente
1993-1994
Operador II do serviço de atendimento ao cliente
1992-1993

- Analisou práticas passadas de monitoramento da confiabilidade do AS400, formalizou a recomendação para melhoramentos de processos/atendimento e garantiu a integridade e desempenho do sistema.
- Poupou a interrupção da maior parte do sistema ao comunicar-se de forma efetiva com a gerência de TI.

DANIEL MARRS						Página 6

EXPERIÊNCIA *(cont.)*

DEPARTAMENTO NORTE-AMERICANO DE TRANSPORTE, Wichita Falls, TX
1980-1992

Coordenador de instalações
1990-1992
Operador do controle de tráfego aéreo
1980-1990

- Recebeu o Accommodation Award por seu desempenho ao aumentar a classificação de segurança para o nível excelente, com nenhum incidente, durante 330.000 operações de voo.
- Promovido à coordenador de instalações para realizar controle de operações regionais da área Central-Sudeste dos Estados Unidos, incluindo Dallas-Fort Worth Metroplex. Ajudou a treinar pilotos da OTAN e gerenciou um grupo de 25 controladores de trafego aéreo.
- Liderou a criação e o desenvolvimento do programa de certificação de simulação; reduziu o tempo necessário para a certificação de novos operadores de controle de tráfego aéreo e aprimorou as certificações existentes em 70%.

FORMAÇÃO ACADÊMICA

Bacharelado — Aeronáutica, Academia da Força Aérea.

PONTOS-CHAVE DO CAPÍTULO 4

Excelência não é um ato singular, mas um hábito. Você é o que faz repetidas vezes.

— Shaquille O'Neal (parafraseando Aristóteles)

Quais são os benefícios de redigir um currículo baseado em competências?

Eis uma lista com alguns benefícios de desenvolver um currículo baseado em competências. Este modelo de currículo irá:

- *Confirmar* ao empregador que você tem a formação adequada (ou a competência) que ele procura.
- *Ampliar* suas chances de ser selecionado para entrevistas para os cargos que almeja.
- *Ajudá-lo* a ser percebido como competitivo.

Por que é importante seguir os passos apresentados neste capítulo ao redigir um currículo baseado em competências?

A aplicação dessas etapas garante que você se lembrará de incluir tudo o que for necessário em seu currículo.

Quais são os passos a serem seguidos?

1. Identifique as competências para o cargo.
2. Reflita sobre as suas realizações capazes de demonstrar que você possui o conhecimento e a experiência necessários para cada competência.

3. Elabore uma lista de realizações para o maior número de competências possível.
4. Redija um resumo para enfatizar a sua experiência e pontos fortes relacionados às competências-chave exigidas para o cargo. Inclua informações relevantes e personalize a seção, se houver espaço.
5. Determine qual será o formato do currículo que é mais compatível com as suas necessidades: cronológico, funcional, direto ou uma combinação deles. Prepare o primeiro rascunho.
6. Lembre-se de incluir seções sobre a sua formação e qualquer outra informação adicional que seja relevante para os empregadores em potencial.
7. Inclua uma lista adicional de realizações relacionadas às competências. Caso ainda tenha espaço, inclua outras realizações.
8. Priorize frases relacionadas às competências em seu resumo e insira a lista de realizações nas seções apropriadas do currículo.
9. Reveja e aprimore o currículo. Peça a contribuição de outros profissionais.
10. Finalize o currículo e desenvolva uma versão eletrônica incluindo uma seção de palavras-chave.

Por que o resumo é tão importante?

Resumos são fundamentais, pois geram a primeira impressão do leitor sobre a sua formação e salientam que você possui as competências mais importantes para o cargo almejado. Encare o resumo como uma oportunidade de apresentar sua formação para o empregador. Leve o tempo que for preciso para escrevê-lo de forma adequada.

Na seção sobre formação, o que devo incluir? Devo inserir as datas?

Somente inclua as datas da conclusão de curso se forem recentes (dos últimos 10 anos). Seja cauteloso ao inserir datas, pois elas devem ser exatas. A sua formação acadêmica será verificada pela data de conclusão ou pelo último dia de comparecimento.

5. Desenvolva uma lista de realizações que comprovem suas competências

Quando um autor escreve um bom livro policial, é crucial que ele dê pistas suficientes ao leitor, com evidências suficientes para convencê-lo, no final do livro, de que o detetive prendeu o assassino certo. Temos que nos certificar de que o detetive fez a pesquisa, examinou as pistas e apresentou evidências fortes o suficiente para prender o suspeito.

O melhor currículo é aquele que provê evidências relevantes e específicas, demonstrando que a pessoa é altamente competente nas áreas desejadas pelo empregador. Também é importante lembrar que:

- Muitos currículos são movidos para baixo da pilha caso pareçam não se adequar às necessidades do cargo.
- A maioria das pessoas decide se o currículo é adequado antes mesmo de finalizar a leitura.

- No mundo atual, de alta tecnologia, os softwares de filtragem reduzem o número de currículos que os profissionais de recursos humanos ou gerentes de contratação precisam examinar.

Ter algumas evidências no currículo é extremamente importante para estimular quem o analisa a convidá-lo a ser entrevistado.

Rotineiramente, contratamos técnicos para inspecionar as casas que compramos para termos certeza de que sua estrutura é mesmo sólida, conforme afirmam os vendedores. Quando os professores da pós-graduação tomam a brilhante decisão de nos aceitar em suas instituições de ensino, eles o fazem com base em nossas notas, em nosso desempenho na faculdade, no resultado de testes, em recomendações e em nossos trabalhos teóricos.

Decisões importantes, incluindo quem é contratado ou quem é promovido, são quase sempre feitas por alguém que considera as evidências com seriedade e faz o melhor julgamento possível sobre quem é inocente ou culpado, que problemas seremos capazes de enfrentar caso sejamos admitidos na pós-graduação ou aceitos em um trabalho. A evidência auxilia a análise de quem precisa tomar a decisão.

Nas decisões de caráter empregatício, o essencial é ser considerado o mais qualificado. A percepção de quem vai analisar o currículo pode ser influenciada por sua experiência anterior, pela habilidade de comunicação verbal e não verbal do candidato e por outros tópicos relacionados. Ela raramente é baseada "apenas em fatos". Ainda assim, a maior parte dos empregadores procura, genuinamente, fazer o melhor que pode visando o interesse da empresa para a qual está recrutando. Por serem profissionais, gostam de pensar que a maioria de suas recomendações é baseada em um raciocínio estritamente profissional.

Como induzir a pessoa que analisará seu currículo a perceber que você é o mais adequado para o cargo?

Quando se sentir preparado para escrever um currículo baseado em competências, lembre-se de perguntar a si mesmo: "De que modo posso apresentar a minha formação de maneira a aumentar as chances de quem o ler me perceber como o mais qualificado?"

É importante lembrar que, se a empresa usa um sistema com base em competências, as suas competências específicas, ou seja, seu conhecimento, suas habilidades e sua aptidão, ajudarão a determinar a percepção de que você está apto a assumir qualquer cargo.

Experiência não é o que acontece com você, mas o que você faz com o que lhe aconteceu.

Aldous Huxley

Neste capítulo, demonstraremos como apresentar a sua formação de maneira a enfatizar suas competências. Vamos encorajá-lo a escrever o seu currículo de um modo novo e mais interessante, aumentando, assim, a possibilidade de os empregadores o lerem do começo ao fim.

Atualmente, mais e mais empresas utilizam algum software de recrutamento para ajudá-las a reduzir o número de currículos a serem lidos selecionando palavras-chave. No entanto, não devemos esquecer que recrutadores ou gerentes ainda irão revisar a pequena pilha remanescente para decidir quem será selecionado para a entrevista. Incluir competências no seu currículo, especialmente na seção de palavras-chave, aumentará a possibilidade do software de recrutamento escolhê-lo e do profissional de recursos humanos convencer-se de que você merece uma entrevista.

Nossa intenção é auxiliá-lo a gerenciar a perspectiva do recrutador, escrevendo uma lista de realizações que comprovem quão competente você é nas áreas que interessam à empresa. Em outras palavras, você irá inserir, no currículo, indícios para ajudar o recrutador a ver que, evidentemente, *você é o mais adequado* para o cargo: basta enfatizar *suas* realizações que correspondem ao que ele procura. Nós também revisaremos, no Capítulo 6, o básico para se escrever um currículo eletrônico eficaz utilizando palavras-chave.

Neste capítulo nós o encorajaremos a:

1. Revisar competências identificadas pela empresa (ou "as mais prováveis", selecionadas por você).
2. Escrever relatos de importantes realizações que comprovem que você é experiente e obteve resultados positivos em cada uma das áreas de competência mencionadas.

Nos exemplos apresentados neste capítulo, focaremos nos cargos das áreas de contabilidade, recursos humanos e vendas, pois, mesmo que você esteja interessado em outro setor, quase todos nós sabemos algo sobre essas áreas.

Vamos começar identificando as competências. Se olhar a lista de competências discriminadas em um anúncio do empregador, você ainda precisará avaliar se essa lista faz sentido dentro da sua área profissional ou se alguma experiência realmente importante deixou de ser mencionada.

CONTABILIDADE

Encontramos no site Monster.com um anúncio de vaga, datado de 2 de março de 2004, para integrar a equipe de contabilidade da Carlson Companies, Inc.

A Carlson Companies é uma das maiores empresas privadas dos Estados Unidos e foi incluída pela revista *Fortune*, em 2002, entre "As 100 melhores empresas para trabalhar", e pela revista *Working Mother*, em 2001 e 2004, entre "As 100 melhores empresas para mães que trabalham". A sede da companhia é em Minneapolis, Minnesota, onde também fica a sede corporativa do Radisson Hotel & Resorts, do T.G.I. Friday's, do Carlson Wagonlit Travel, do Carlson Marketing Group e de outros serviços e marcas conhecidos. Em conjunto, essas empresas empregam 190 mil pessoas em mais de 140 países.

O anúncio on-line mencionava claramente dez competências para o cargo:

1. Foco no cliente.
2. Construção de relacionamentos sólidos.
3. Habilidade de influenciar terceiros.
4. Interesse pelo autoaprimoramento e pelo de terceiros.
5 Capacidade de compartilhar informações.
6 Busca por melhoria contínua.
7. Orientação para resultados.

8. Habilidade para analisar e tomar decisões.
9. Aplicação de conhecimento especializado nas áreas técnica, profissional e de produto.
10. Atenção aos detalhes.

RECURSOS HUMANOS

A Sears colocou um anúncio no Monster.com, em 3 de abril de 2004, para consultor em recursos humanos. A Sears, Roebuck and Co. é sediada em Chicago, no estado de Illinois. É, também, uma empresa líder em varejo, que trabalha com marketing e serviços relacionados tanto nos Estados Unidos quanto no Canadá.

No anúncio da Sears, as competências aparecem divididas em três categorias: Princípios de liderança, Competências principais ligadas a recursos humanos e Competências técnicas específicas do cargo.

Princípios de liderança

Foco no cliente
Gerenciamento de mudança
Orientação para resultados
Trabalho em equipe
Gerenciamento de desempenho
Apoio à diversidade/inclusão

Competências principais ligadas a recursos humanos

Perspectiva estratégica de negócios
Práticas de planejamento/execução
Solução de problemas baseada em fatos
Orientação de projeto e de processos
Treinamento e influência sobre terceiros
Impacto pessoal

Competências técnicas específicas do cargo

Experiência empregatícia
Condução de pesquisas
Resolução de conflitos
Negociação
Construção de relacionamentos

VENDAS

Após rever uma série de anúncios para cargos de vendas, decidimos escolher o de 24 de março de 2004, da Storage Tek, para a vaga de especialista em vendas da Disk Storage Products, na cidade de Nova York.

A Storage Tek está localizada nos arredores de Boulder, no Colorado, e é especializada em apresentar soluções inovadoras para armazenamento e em gerenciar e proteger informações estratégicas para o mundo dos negócios. A empresa emprega 7 mil funcionários em diferentes partes do mundo e foi categorizada, nos anos de 2002,

2003 e 2004, pela revista *Fortune*, como a "Companhia mais admirada na América no setor de componentes para computador".

As competências gerais discriminadas no anúncio para o cargo foram:

1. Foco no cliente.
2. Habilidade interpessoal.
3. Conhecimento técnico.
4. Perseverança.
5. Visão para negócios.
6. Lidar com ambiguidades.
7. Apresentação.
8. Organização.
9. Negociação.

Após rever a lista geral de competências, torna-se evidente que "orientação para resultados" não foi incluído, competência de extrema importância para ser bem-sucedido em *qualquer* posição de vendas. Por sabermos que esta competência é chave, iremos acrescentá-la à lista. Também é preciso ler todo o anúncio para verificar o que mais é considerado competência, mas foi mencionado em outra parte do anúncio.

Sempre questione se a lista na qual está trabalhando atinge a maior parte dos requisitos que lhe garantam ser bem-sucedido no cargo.

Para desenvolver um currículo eficiente, é necessário buscar informações. Apresentaremos algumas sugestões de como fazê-lo, mas, no final, você precisa assumir a responsabilidade, usar seus próprios recursos e, sobretudo, pensar!

Competências técnicas listadas para o cargo:

1. Conhecimento aprofundado dos produtos da empresa e dos concorrentes, o suficiente para garantir a liderança no desenvolvimento de soluções para estocagem e apresentação aos clientes.
2. Demonstrar conhecimento em metodologia contábil e de vendas.
3. Demonstrar sucesso em planejamento de contabilidade e desenvolvimento de estratégias de venda.
4. Demonstrar capacidade de analisar oportunidades de venda.
5. Capacidade comprovada de desenvolver previsões acuradas.
6. Habilidade técnica, competitividade e conhecimento da indústria.
7. Capacidade comprovada de atingir resultados e superar metas.
8. Capacidade de fechar negócios em condições complexas e desafiadoras.

No setor de vendas, conhecer o produto ou serviço e demonstrar capacidade de convencimento para levar pessoas a adquiri-lo são condições indispensáveis para atingir resultados, isto é, concretizar vendas. Você precisa estar apto a demonstrar ao recrutador, por meio da descrição de seu desempenho, que você tem competência nestas áreas.

DICAS BÁSICAS PARA REDIGIR UMA LISTA DE REALIZAÇÕES

1. Escreva suas realizações de forma a demonstrar conhecimento e apresente experiências relevantes para cada competência que a empresa busca.

Vamos analisar a competência "Orientação para resultados". Se você é um profissional da área de vendas, qual é a melhor forma de demonstrar ser forte nesta competência? A resposta é bem simples: ter alcançado resultados significativos. Se você se manteve no topo da classificação de vendas de forma consistente, fica claro que é uma pessoa altamente motivada para obter resultados.

Dessa forma, sua lista de realizações deve englobar os prêmios que recebeu, quão rápido realizou a primeira venda ou, ainda, como superou obstáculos para concretizar uma venda substancial.

Se ainda não conquistou prêmios ou teve desempenhos tão elevados, prefira afirmações que soem o melhor possível, considerando o que foi realizado. É possível dizer, por exemplo: "Reconhecido pelo gerente por fechar US$300 mil em vendas nos primeiros dois meses de empresa." (Você pode não ter concluído nenhuma outra venda nos dez meses seguintes, mas a frase continua a ser verdadeira!)

A seguir, uma lista de realizações que desenvolvemos para um profissional de vendas com quem trabalhamos que fornece indícios para o item "Orientação para resultados".

Reconhecido por superar metas de venda na IBM e na Lexmark com os prêmios:.

- Lexmark's Winners Circle, por estar entre os melhores 2% dos profissionais da área de vendas nos Estados Unidos.

- Sales Director Award, por estar no topo do ranking de vendedores dos Estados Unidos na área de saúde (por dois anos seguidos). Primeiro vencedor consecutivo do prêmio na história da organização norte-americana de vendas.

- Account Executive of the Year (Executivo de contas do ano) por três anos, e Account Executive of the Quarter (Executivo de contas do trimestre) 14 vezes.

- Area Systems Engineer of the Quarter (Engenheiro de sistemas do trimestre) por quatro trimestres.

- IBM 100% Club e Systems Engineering Symposium.

- Aumentou a receita em uma nova área de planos de saúde para US$2,6 milhões em apenas dois anos.

- Aumentou as vendas da Shell Oil Co. e Texaco de US$500 mil para US$2,6 milhões em dois anos.

- Aumentou a fatia de mercado para a impressora jato de tinta da IBM de 9% para 20% em 22 meses.

2. Lembre-se de incluir informações que expliquem a situação (ou problema), a ação e o resultado.

Antes de começar a escrever a lista de realizações, reserve algum tempo para descrever a situação ou o problema solucionado. Que medidas você tomou? Qual foi o resultado? De que modo a empresa ou departamento foi beneficiada por sua iniciativa?

Como exemplo, vamos usar o currículo de um gerente júnior de contabilidade. A assertiva que se segue demonstra que o gerente é forte nas competências "Orientação para resultados" e "Buscar progresso contínuo".

> • Gerenciou o aumento de 75% do volume de conta a pagar e a receber sem expandir a equipe de 15 funcionários; simplificou processos de trabalho e incentivou a melhoria da produtividade individual.

Esta assertiva poderia ser fortalecida ao incluir números específicos que permitissem ao leitor visualizar, objetivamente, o aumento de 75%.

Para cada competência apresentada você deverá saber e ser capaz de comunicar de que modo, com o uso dela, poderá obter resultados que interessam à empresa.

As melhores frases para definir suas realizações incluem a descrição da situação/problema (aumento de 75% no volume de trabalho), da ação (simplificação de processos e provimento de incentivos) e dos resultados (gerenciamento sem ampliação do quadro de funcionários). A ordem a ser seguida para descrever estes três itens depende do que você considera ser mais relevante para o leitor do seu currículo.

Alguns consultores acreditam em seguir a mesma ordem em todas as frases; outros, em variar a ordem de modo a enfatizar o mais importante ou, simplesmente, como estratégia para manter o interesse do leitor.

3. Comece cada frase com verbos de ação. Varie as palavras que usar.

Lembre-se de começar cada assertiva com um verbo de ação. Procure utilizar palavras diferentes para tornar a leitura atraente. Escolha palavras enérgicas e precisas.

Em um seminário de currículos, cada participante havia implementado pelo menos três tópicos. A palavra "implementado" indica que você tinha um papel de nível mais baixo e simplesmente deu continuidade ao que outra pessoa desenvolveu, criou, planejou ou decidiu. Você participou de forma significativa do projeto ou apenas "o implementou"?

Quando for decidir quanto crédito deseja assumir, procure situar-se no nível mais alto possível. A modéstia pode ser uma virtude em outros aspectos da vida, mas não é aconselhável quando se trata de escrever o currículo ou de sua carreira profissional. Assuma o crédito pelo que você realizou.

PALAVRAS DE AÇÃO

Utilize qualquer uma das palavras abaixo para adicionar impacto e energia ao seu currículo.

Aconselhou	Desenvolveu	Instruiu	Promoveu
Administrou	Designou	Interagiu	Propôs
Agendou	Detectou	Integrou	Providenciou
Ajudou	Determinou	Interpretou	Realizou
Ajustou	Diagnosticou	Inventou	Recomendou
Alcançou	Dirigiu	Juntou	Reconheceu
Analisou	Distribuiu	Justificou	Reduziu
Aprovou	Diminuiu	Lecionou	Reformulou
Atingiu	Editou	Liderou	Regularizou
Atualizou	Eliminou	Manteve	Relatou
Aumentou	Encabeçou	Mapeou	Reorganizou
Avaliou	Ensinou	Melhorou	Representou
Baixou	Entregou	Modificou	Resolveu
Calculou	Encontrou	Motivou	Restaurou
Comparou	Escreveu	Negociou	Revisou
Compilou	Estabeleceu	Obteve	Reuniu
Compôs	Estudou	Operou	Selecionou
Comprou	Examinou	Orçamentou	Serviu
Concebeu	Expandiu	Ordenou	Sinalizou
Conduziu	Formou	Organizou	Sistematizou
Completou	Formulou	Percebeu	Solucionou
Consolidou	Ganhou	Persuadiu	Supervisionou
Construiu	Gerenciou	Pesquisou	Supriu
Consultou	Gerou	Planejou	Terminou
Controlou	Guiou	Preparou	Testou
Coordenou	Identificou	Presidiu	Traçou
Criou	Iniciou	Processou	Traduziu
Definiu	Inspecionou	Produziu	Treinou
Descobriu	Instalou	Programou	Trocou
Desempenhou	Instituiu	Projetou	Vendeu

4. Atinja seu público com uma linguagem acessível.

Para quem você escreve o currículo? Para o gerente de contratação? Para o gerente de recursos humanos? Para o recrutador?

Resposta: para qualquer pessoa que possa estar envolvida na decisão de conceder-lhe uma entrevista ou, eventualmente, fazer-lhe uma oferta de emprego. Cuidado ao usar linguajar estritamente técnico ou incluir muitos jargões. Não seja simplista. E, também, não seja muito informal.

5. Apresente exemplos específicos para comprovar sua experiência em cada competência.

Inclua detalhes específicos quando escrever sua lista de realizações. Se você oferecer informações vagas e generalizadas, sua credibilidade será menor do que se fornecer detalhes suficientes para comprovar que realmente tem experiência na área. Não exagere nos detalhes, mas apresente evidências suficientes de que realizou as ações pelas quais assume crédito.

Revise a lista de competências para o cargo no qual está interessado. Leia uma de cada vez e pergunte a si mesmo: "que realizações podem comprovar minha competência nessa área?" Neste estágio, não elimine nada, escreva tudo o que for capaz de lembrar. Então, revise o texto e transforme as "evidências" em assertivas mais aprimoradas.

6. Quantifique sempre que possível.

A pessoa que ler o seu currículo precisa ser capaz de entender quão significativas são as suas realizações. Compare os dois exemplos seguintes:

> - Gerenciou o departamento de recursos humanos da divisão.
> - Dirigiu o departamento de recursos humanos para 1.100 funcionários das maiores empresas dos Estados Unidos, supervisionou diretamente sete profissionais de recursos humanos e três contadores e gerenciou um orçamento de US$1,5 milhão.

Percebeu a diferença? Ao incluir o número de funcionários e a dimensão do orçamento, você fornecerá evidências do que é capaz. Seja assertivo quando decidir sobre qual número escolher: prefira a estatística ou o número mais expressivo. Mas, ao mesmo tempo, seja realista. Tente, também, não ser muito modesto.

É perfeitamente aceitável arredondar os números para cima. Faça-o quando isso puder reforçar a sua argumentação, faça o contrário quando este não for o caso.

7. Diga o máximo possível com o mínimo de palavras que conseguir.

Esta sugestão se aplica ao currículo inteiro. É de extrema importância ser o mais conciso possível.

Queremos fornecer as evidências mais precisas, para mostrarmos que correspondemos às necessidades do empregador, no espaço disponível que é de apenas uma ou duas páginas. É em razão dessa lógica que quase nunca nos deparamos com frases completas, mesmo em currículos bem escritos.

Certifique-se de que cada palavra adiciona algo novo ao conteúdo. Tente eliminar termos como "vários" ou "numerosos", que nada acrescentam. Por exemplo, dizer que você trabalhou em vários estabelecimentos não é tão eficaz quanto ser mais objetivo e afirmar: cinco estabelecimentos. Se, por alguma razão, não puder especificar um número, use o termo no plural, que já indica mais de um.

Evite palavras como "o que", "o", "a", "um" e "uma", que, em geral, nada acrescentam ao conteúdo da frase.

Quando utilizar exemplos quantitativos, opte pela forma mais poderosa de expressar um número. Será que "um em quatro" é melhor do que 25%? Depende do que você quer dizer.

Lembre-se de que, se não souber os números ou percentagens com exatidão, é melhor arredondar do que usar termos que denotam hesitação como "aproximadamente", o símbolo "+/-" após um número, "por volta de", "abaixo de", "menos do que", "acima" ou "acerca de".

8. Se o seu melhor exemplo de competência individual não traduz um desempenho particularmente importante, tente fazer com que ele pareça o mais significativo possível.

Para muitas pessoas, é difícil identificar uma realização significativa. Em alguns casos, você se mostra muito modesto, e é preciso se esforçar para pensar sobre os feitos de maneira mais profunda.

Porém, em outros casos, pode haver boas razões para você não encontrar uma realização expressiva, como quando ocupa aquele cargo há poucos meses ou por apoiar terceiros em um projeto do qual não assumiu a liderança. O que fazer nestas situações?

Retire o máximo de crédito possível do resultado, porém sem mentir. Eis um exemplo. Originalmente, a contadora escreveu:

- Trabalhou na equipe de transição da PeopleSoft.

Após conversar com ela e pedir-lhe para ser mais específica, nós identificamos três competências relacionadas ao trabalho no projeto da PeopleSoft. Decidimos focar no que ela fizera em relação às competências "Compartilhar informações", "Orientação para resultados" e "Experiência profissional e habilidade técnica". Em consequência, redigimos:

- Selecionada para representar o departamento de contabilidade, em uma equipe de cinco pessoas, avaliando e recomendando módulos PeopleSoft; coordenou atividades do departamento e preparou a atualização semanal de sessenta funcionários para garantir uma transição suave.

- Reconhecida por gerenciar com sucesso o projeto PeopleSoft, coordenado pelo gerente sênior, ao receber a premiação de funcionário excepcional.

9. Após escrever frases de realizações baseadas em competências, adicione outras à sua lista.

Após revisar a lista de realizações relevantes para o cargo em que está interessado, considere fornecer outras informações que possam ser evidências de que você será bem-sucedido no cargo. Leia o restante do anúncio, os folhetos e o site da empresa para encontrar outras informações sobre o que a organização procura. Desenvolva frases sobre realizações que comprovem que você pode suprir essas outras necessidades.

Foque primeiro nas necessidades da empresa, então pergunte-se: "Qual é minha maior realização no trabalho?" Essa é uma das maiores diferenças na abordagem de um currículo baseado em competências: **não é só sobre você, é sobre a melhor oportunidade possível, porque foca primeiro nas necessidades da empresa.**

10. Certifique-se de que incluiu palavras-chave no seu currículo.

Uma porcentagem alta das grandes empresas utiliza programas de recrutamento para ajudar a reduzir o tempo que os profissionais de recursos humanos usam para filtrar os currículos. No Capítulo 6, falaremos mais sobre currículos eletrônicos baseados em competências que incluam palavras-chave no resumo.

Até mesmo a versão tradicional do currículo, feita no Microsoft Word, deve incluir palavras-chave que possam ser consideradas indícios de sucesso em sua área profissional. Essas palavras devem constar no currículo, tanto em frases que descrevem realizações quanto no resumo. Lembre-se de incluir competências e seus sinônimos quando pensar nas palavras-chave. Por exemplo, você pode falar sobre "atingir resultados" em uma frase e "alcançar metas" em outra.

11. Quando perceber que os seus melhores exemplos em uma determinada competência são fracos, faça o melhor que puder e siga em frente.

Tente identificar a experiência mais relevante possível para comprovar que você é qualificado em cada área de competência.

Quando não puder identificar qualquer evidência substancial para comprovar que possui experiência ou, pelo menos, o nível certo de experiência em uma competência em particular, reconheça que você encontrou uma lacuna em suas competências. Falaremos mais sobre como fazer uma ponte e superá-los no Capítulo 14.

Existe um jeito fácil para escrever a lista de realizações rapidamente?

A parte mais difícil de escrever um currículo é compilar e escrever a lista de realizações, então aqui estão algumas dicas para começar.

Primeiro: Olhe de novo os verbos de ação na página 102.

Segundo: Disponha-os embaixo das competências que você já listou para os cargos almejados.

Terceiro: Escreva suas realizações em formato-padrão de currículo, que sempre começa com um verbo de ação. Redija claramente o que você realizou.

Aqui estão algumas questões que o ajudarão a começar a escrever as frases sobre suas realizações.

Responda estas questões:

- O que eu fiz? Use um verbo de *ação* para começar cada frase. (A = ação)
- Que problema ou situação eu ajudei a resolver? (P = problema)
- Qual(is) o(s) resultado(s) da(s) minha(s) ação(ões)? Como isso beneficiou a organização? (R = resultado)

Escreva o máximo que conseguir para cada competência. Então, corrija os erros de gramática, pontuação e entonação.

(Nota: é possível listar o resultado primeiro, mas lembre-se de sempre começar com um verbo de ação.)

Quarto: Priorize suas realizações, classificando aquelas que melhor ilustram as competências que a empresa deseja, em ordem de importância, de acordo com os critérios de onde você deseja trabalhar.

Você pode descobrir, após escrever uma frase de realização, que ela se encaixa e promove sua experiência muito melhor sob outra competência.

Verifique se o número de realizações embaixo de cada seção parece razoável. Leve em consideração o tempo que passou em cada trabalho e como os resultados se relacionam com o que quer fazer em seu próximo emprego.

PONTOS-CHAVE DO CAPÍTULO 5

Experiência é algo que não se consegue de graça.

— Oscar Wilde

O que é o software de recrutamento e como as palavras-chave funcionam?

Mais e mais empresas têm adotado o software de recrutamento para reduzir o tempo gasto pelos profissionais de recursos humanos na avaliação de currículos. O programa identifica a quantidade de palavras-chave e submete os nomes para revisão. O trabalho que você deve fazer é identificar as palavras-chave e incluí-las em seu currículo, sempre que possível, enquanto foca em descrever suas competências.

Como posso melhorar as frases da minha lista de realizações?

Desenvolva uma frase que soe o mais impactante possível para ilustrar o que realizou. Por exemplo, não use "implementou" quando pode optar por "dirigiu", "organizou" ou "desenvolveu". "Implementou" soa como se você tivesse apenas seguido orientações de outra pessoa.

Por que os resultados são importantes?

Resultados são provas de que você realizou algo importante. Lembre-se, os empregadores querem saber quanto você os ajudará a serem bem-sucedidos. Você poderá fazer isso:

- Melhorando processos.
- Poupando tempo.

- Solucionando problemas e desenvolvendo formas de impedir que ocorram novamente.
- Tendo novas ideias para desenvolver, aprimorar e vender os produtos ou serviços.

É preciso saber como cada competência que você possui pode ajudar o empregador a atingir resultados.

Por que devo começar cada frase que descreve uma realização com um verbo de ação?

Os verbos de ação:

- Fornecem energia e ação para o que você faz.
- Permitem ao recrutador determinar rapidamente o que você sabe ao ler o seu currículo de forma superficial.
- Fazem parte do estilo de escrita utilizado em currículos.

Quais palavras devo incluir no meu currículo para chamar atenção da empresa em que quero trabalhar?

Primeiro, pense a respeito das competências que deseja demonstrar. Visite o site da empresa ou leia qualquer anúncio que ela lançar. Dessa forma, você será capaz de identificar a terminologia e o nível de sofisticação que utilizam nos documentos. Além disso, será capaz de perceber a entonação e o estilo que a organização prefere. É formal, enérgico ou altamente técnico? Evite usar muitos jargões ou ser muito técnico. Lembre-se, algumas pessoas que lerão seu currículo podem não conhecer a linguagem técnica deste cargo em particular.

Como eu adiciono credibilidade às frases que descrevem realizações?

Quantifique seu exemplo sempre que possível. Isso agrega credibilidade e ajuda o empregador a perceber como você pode ajudá-lo a ser bem-sucedido.

Por que menos é mais?

Menos é mais porque o currículo deve mandar a mensagem de que você é uma pessoa focada e precisa. Para isso, ele precisa ser fácil e rápido de ser analisado.

6. Escolha o estilo de currículo mais eficaz

Ao longo deste livro, mencionamos a importância de saber o que o empregador procura antes de começar a redigir o currículo. O estilo adotado também é de extrema importância se a intenção é que o possível empregador reconheça facilmente que você é o candidato mais adequado para o cargo.

Todos os dias fazemos escolhas que determinam como somos percebidos pelos demais. Deveríamos usar terno ou uma roupa mais casual para a reunião com um novo cliente? As roupas que escolhemos usar podem influenciar a percepção de nossos interlocutores para:

- Comprar nosso produto.
- Conceder-nos um cargo-chave.
- Contratar-nos após uma entrevista de trabalho.

Clark Kent, por exemplo, sabe quando deve manter os óculos ou quando deve usar a capa. É possível que, nos dias de hoje, não seja tão fácil encontrar uma cabine telefônica, mas acreditamos que assim que Metrópolis precisar de um super-herói ele saberá onde trocar de roupa.

Da mesma forma que a sua aparência é importante, a de seu currículo também é. Ela pode ajudá-lo a conseguir uma entrevista de trabalho ou excluí-lo de um processo seletivo.

Se você quer ser contratado para o cargo de super-herói, seu currículo precisa ser semelhante ao do Super-Homem e não ao de Clark Kent. Neste capítulo, analisaremos os pontos fortes dos três tipos básicos de currículo: cronológico, funcional e direto. Além disso, demonstraremos como cada um pode ser redigido com base em competências. A questão central é: qual tipo de currículo se ajusta melhor ao seu estilo de trabalho? Quais situações podem conduzir a escolha por um estilo diferente de currículo?

Em seguida, analisaremos como transformar o currículo com base em competências em um currículo eletrônico. Quais são as medidas mais importantes a serem adotadas para que o currículo eletrônico traga resultados positivos?

Antes de existirem os currículos baseados em competências, já havia os modelos cronológico, funcional e uma combinação de ambos. Neste livro apresentaremos um novo estilo de currículo baseado em competências, que utiliza qualquer um dos formatos básicos e agrega o foco nas competências. Iremos tratar, também, de um novo modelo de currículo, chamado de direto, com pontos fortes bem definidos. As descrições a seguir mostram quando usar cada estilo, como a situação indica o estilo a ser escolhido e como alterar o modelo tradicional de currículo para se ajustar ao novo, baseado em competências.

CURRÍCULO CRONOLÓGICO

Os currículos cronológicos com base em competências são similares aos tradicionais. A principal diferença está no conteúdo: o resumo e a lista de realizações são redigidos com base nas competências. Os empregadores em potencial pensarão, apenas, que seu currículo está bem escrito e que você possui a formação "correta" para o cargo.

Os currículos cronológicos listam as realizações abaixo de cada cargo, começando com seu trabalho atual. Este modelo é uma boa opção para os indivíduos que sempre trabalharam na mesma área, não tiveram interrupções em sua experiência profissional e não foram rebaixados do cargo inicial.

O currículo cronológico é bastante eficaz para empresas e organizações com um perfil mais tradicional, porque estão mais acostumadas a esse modelo. **Um currículo cronológico baseado em competências é ainda mais eficaz para essas empresas, porque tem uma aparência mais tradicional e porque mostra, pelo modo como é escrito, que o candidato atende às exigências da empresa.**

CURRÍCULO FUNCIONAL

O currículo funcional com base em competências distingue-se do currículo tradicional porque o resumo e a lista de realizações tratam especificamente das competências. Como no currículo cronológico, o resumo e as realizações são redigidos com base nelas.

Os currículos funcionais listam as realizações a partir das funções, não dos cargos. Como o histórico profissional é incluído posteriormente, eles enfatizam as realizações, não o histórico.

O currículo funcional pode ser uma boa escolha para pessoas que tiveram interrupções em sua carreira, foram rebaixadas de seus cargos, mudaram de área ou não querem chamar atenção para determinado cargo, como, por exemplo, o fato de terem trabalhado para empresas envolvidas em algum escândalo. Os currículos funcionais também são uma excelente escolha para consultores, porque enfatizam sua experiência em áreas específicas, que podem atender às demandas de clientes ou empregadores em potencial.

CURRÍCULO DIRETO

O currículo direto é o estilo mais recente, com uma aparência distinta dos demais. Nele, o resumo e a lista de realizações são feitos com base nas competências, de maneira similar à dos outros estilos de currículos.

Optar pelo currículo direto pode ser bom para os candidatos que trabalham em empresas como a IBM ou a American Express, nas quais o gerenciamento de pessoal é feito com base nas competências. Neste modelo, você apresenta suas realizações dentro de cada competência de maneira que o gerente ou diretor possa direcionar a análise para o que é relevante.

O currículo direto pode ser usado para conquistar uma promoção ou receber novas funções dentro de empresas que utilizam o sistema de competências. Você poderá fornecer uma versão atualizada ao gerente antes da avaliação de desempenho. Assim, terá certeza de que o gestor está ciente de suas realizações em cada área de competência.

Se você pesquisou e conversou com profissionais que trabalham na empresa em que almeja trabalhar, é possível que tenha identificado um gerente que demonstra interesse em avaliar um currículo baseado em competências. **Ainda que muitos gerentes e profissionais da área de recursos humanos não estejam acostumados com este modelo de currículo, pois é uma proposta nova, espera-se que ele se torne mais popular nos próximos anos.**

> **Dica:** Após identificar as demandas do empregador e levar em conta seu próprio histórico, há sempre a opção de combinar elementos diferentes dos três principais estilos para criar um currículo que atenda às suas necessidades. Isto é chamado currículo de combinado. Alguns exemplos estão no Capítulo 11.

CURRÍCULO ELETRÔNICO

- Um currículo escrito no Word e enviado por e-mail.
- A criação de seu próprio site, no qual seu currículo esteja disponível.
- Anunciar seu currículo em um site de vagas de emprego, como o catho.com.br ou o infojobs.com.br.

Em outras palavras, os currículos eletrônicos são os currículos criados on-line e enviados para outras pessoas pela internet.

Observe os exemplos deste capítulo. Você será capaz de perceber que certos estilos de currículo podem ser mais eficazes. Qualquer currículo baseado em competências pode se tornar eletrônico, basta seguir os passos usados para criar um currículo neste formato.

Uma das maiores diferenças é a inclusão de uma seção com palavras-chave para possibilitar que o software de recrutamento indique que sua formação é compatível com o que os empregadores buscam. Lembre-se de incluir suas principais competências nas palavras-chave e de listá-las no início do currículo.

Quando terminar a redação do currículo com base nas competências, veja o trabalho de Rebecca Smith, *Eletronic Resumes & Online Networking* [Currículos eletrônicos e formação de redes de contato on-line, em tradução livre], que oferece informações úteis para criar uma versão eletrônica de seu currículo.

OUTROS PONTOS-CHAVE SOBRE MODELOS DE CURRÍCULO

Cada modelo de currículo apresentado neste capítulo será mais eficaz do que o tradicional, porque prioriza as necessidades do empregador. Você pode optar por mais de um formato, ou por uma combinação de todos, a depender da necessidade do empregador e de como suas experiências e formações são compatíveis com o cargo.

CURRÍCULO CRONOLÓGICO BASEADO EM COMPETÊNCIAS

JEFFREY K. OLDHAM
5011 Red Bridge Drive
Houston, TX 77087
(281) 858-0130
Jkoldham2@swbell.net

RESUMO

Gerente de vendas distrital com formação em desenvolvimento de negócios, solução de vendas e tecnologia. Experiência significativa em marketing de novos produtos: lançamento e estratégia de marketing, formação de alianças estratégicas, gerenciamento de projetos e consultoria de vendas. Habilidade em construção de relacionamento, canais de comunicação, vendas OEM (fabricante original de equipamento), negociação de contrato e fechamento de vendas. Desempenho consistente em geração de receita e obtenção de resultados; apresentou recorde de vendas e prestou excepcional atendimento ao cliente. Excelente apresentação e habilidades interpessoal, organizacional, oral e escrita.

JEFFREY K. OLDHAM   Página 2

HISTÓRICO PROFISSIONAL

Consultor   2002-2003

ECG CORPORATION   2000-2001

Diretor, Desenvolvimento de negócios, 2000-2001
Gerente de programação sênior, 2000

- Propôs a primeira estratégia que englobou toda a empresa para impressão de documentos, com expectativa de economia de US$20 milhões por ano.
- Desenvolveu campanha de marketing premiada em nível nacional com base no critério Six Sigma.
- Trabalhou com departamentos-chave para definir a necessidade tecnológica e o curso de desenvolvimento do produto, posicionamento no mercado, implantação de redes e atividades de parceria.
- Desenvolveu estratégia de marketing para atividades como "vender através" e "vender com" entre a empresa e principal parceiro fornecedor de tecnologia.

LEXMARK INTERNATIONAL, INC   1992-2000

Consultor sênior, Vendas para governo e área educacional, 2000
Assistente especial da diretoria, Vendas na área de saúde, 1999-2000

- Selecionado para o *Winner's Circle* por estar entre os 2% dos profissionais de venda mais bem-sucedidos nos Estados Unidos.

JEFFREY K. OLDHAM					Página 3

HISTÓRICO PROFISSIONAL (*cont.*)

LEXMARK INTERNATIONAL, INC

- Nomeado três vezes Account Executive of the Year (Executivo de contas do ano) e 14 vezes Account Executive of the Quarter (Executivo de contas do trimestre).
- Vendeu um milhão de impressoras jato de tinta personalizadas após identificar a oportunidade de parceria com a Micron.
- Gerenciou as contratações de grandes clientes nos Estados Unidos para maximizar o uso da receita na área de saúde; excedeu em US$6 milhões as metas de venda em 5 meses.
- Em 1999 foi reconhecido por alcançar as receitas mais altas entre os gerentes do ano anterior, enquanto trabalhava em outro cargo.

Gerente de vendas distrital, 1997-1999

- Gerenciou equipe responsável por acordo de compras no valor de US$12 milhões com o Columbia/HCA.
- Treinou equipe de vendas e suporte no desenvolvimento de estratégias de venda mais inovadoras, aumentando o percentual de vendas em 20% ao ano por território.
- Assessorou equipe de 12 funcionários no desenvolvimento do CD-Rom *Consultor de negócios*, voltado para profissionais na área de vendas nos Estados Unidos. O material obteve grande sucesso e manteve custos abaixo do orçamento.

JEFFREY K. OLDHAM   Página 4

HISTÓRICO PROFISSIONAL (cont.)

LEXMARK INTERNATIONAL, INC.

- Foi mentor de 11 novos funcionários da área de vendas; desenvolveu, implementou e acompanhou os resultados das estratégias de venda e marketing da equipe.
- Coordenou a equipe responsável pela introdução da primeira prestação de serviço e entrega de peças global, 24 horas por dia, 7 dias por semana para a NCR.
- Convenceu gerentes clínicos e de TI a comprar atualizações da plataforma apesar da competição do fornecedor. Gerenciou o lançamento no County Hospital District.
- Reconhecido pelo sucesso no gerenciamento de 11 funcionários na área de vendas/técnica/administrativa responsáveis por vendas de impressoras/serviços para clientes na área de saúde em 23 regiões.

Gerente de programação sênior, Alianças estratégicas, 1996

- Recebeu o prêmio *Sales Director Award* por seu desempenho no setor de planos de saúde dos Estados Unidos por dois anos consecutivos.
- Atuou como membro-chave no grupo responsável pelo desenvolvimento da campanha de marketing e das apresentações para introduzir o conceito de *custo total de impressão* aos clientes.

JEFFREY K. OLDHAM   Página 5

HISTÓRICO PROFISSIONAL (cont.)

- Gerenciou o projeto-chave para melhorar a satisfação do cliente, com melhoria de 67% para 95%.

Executivo de contas sênior, 1994-1996
Engenheiro de sistema contábil/Executivo de contas nacional, 1992-1993

- Aumentou a receita de planos de saúde em US$2,6 milhões em dois anos ao introduzir uma nova especialidade.

IBM CORPORATION   **1987-1992**

Engenheiro de sistemas contábeis, 1990-1992
Especialista em impressão e editoração eletrônica, 1988-1990
Representante comercial de contas, Divisão de distribuição nacional, 1987-1988

- Selecionado para o IBM 100% Club.
- Ampliou a fatia de mercado da IBM na venda de impressoras em território nacional de 9% para 20% em dois anos.

FORMAÇÃO ACADÊMICA

Bacharelado em Administração e marketing, Magna Cum Laude
Universidade de Houston, Houston, Texas.

CURRÍCULO FUNCIONAL BASEADO EM COMPETÊNCIAS

JEFFREY K. OLDHAM
5011 Red Bridge Drive
Houston, TX 77087
(281) 858-0130
Jkoldham2@swbell.net

RESUMO

Gerente de vendas distrital conhecido por atingir objetivos em desenvolvimento de negócios, solução de vendas e tecnologia. Experiência significativa em marketing de novos produtos, lançamentos, estratégias de marketing, formação de alianças estratégicas, gerenciamento de projetos e consultoria de vendas. Habilidades em construção de relacionamentos, canais de comunicação, vendas OEM (fabricante original de equipamento), negociação de contrato e fechamento de vendas. Desempenho consistente em geração de receita e obtenção de resultados; apresentou recorde de vendas e prestou excepcional atendimento ao cliente. Excelente apresentação, habilidades interpessoal, organizacional, oral e escrita.

JEFFREY K. OLDHAM   Página 2

PRINCIPAIS REALIZAÇÕES

Premiações em vendas/Resultados

- Reconhecido por superar metas de venda na IBM e na Lexmark:
  - Premiação Lexmark's Winner's Circle por estar entre os 2% dos melhores profissionais de venda nos Estados Unidos.
  - Premiação Sales Director Award por seu desempenho na área de vendas no setor de plano de saúde nos Estados Unidos, por dois anos consecutivos. Primeiro vencedor consecutivo do prêmio Sales Director Award, na organização de vendas dos Estados Unidos.
  - Três vezes Account Executive of the Year (Executivo de contas do ano), e 14 vezes Account Executive of the Quarter (Executivo de contas do trimestre).
  - IBM 100% Club.
- Aumentou as receitas de planos de saúde em US$2,6 milhões em dois anos.
- Aumentou o número de vendas para a Shell e a Texaco de US$500 mil para US$2 milhões em 22 meses.
- Aumentou a fatia de mercado da IBM no setor de impressoras no território nacional de 9% para 20% em dois anos.

JEFFREY K. OLDHAM   Página 3

PRINCIPAIS REALIZAÇÕES (cont.)

Técnicas de venda/Consultoria

- Identificou oportunidades e desenvolveu proposta de produto OEM (fabricante original de equipamento) para a Micron para montagem de impressoras Lexmark. Vendeu um milhão de impressoras jato de tinta após a negociação do contrato.
- Vendeu impressoras, redes, formulários eletrônicos, serviços de consultoria e pacotes de editoração eletrônica para o setor de planos de saúde, clientes corporativos e setores governamentais e de educação.
- Convenceu gerentes clínicos e de TI a adquirirem atualizações da plataforma a despeito da existência de empresas concorrentes na mesma região; gerenciou o lançamento no County District Hospital.

Gerente de vendas

- Gerenciou 11 profissionais de venda, assistência técnica e administrativa no setor de impressoras e serviços para clientes na área de planos de saúde em 23 estados do leste dos Estados Unidos.
- Atingiu os maiores índices de venda no grupo de gerentes iniciantes, no primeiro ano na função. Em 2000, esteve entre os 10% melhores gerentes de venda de acordo com os índices de satisfação dos funcionários.
- Coordenou o fechamento de acordos em nível nacional com o Columbia/HCA, totalizando US$12 milhões.

JEFFREY K. OLDHAM   Página 4

PRINCIPAIS REALIZAÇÕES (cont.)

Gestão de projetos

- Propôs estratégia para redução de impressão de documentos, gerando economia de US$20 milhões por ano.
- Geriu o projeto CRM, com aumento de 67% a 95% de satisfação do cliente.
- Criou o CD-Rom *Business Printer Advisor* (Assessoria de negócios sobre impressoras), uma ferramenta de "consultoria" para funcionários de venda nos Estados Unidos. Superou os objetivos funcionais e finalizou o projeto antes do tempo estipulado.
- Desenvolveu campanhas de venda/marketing; recebeu prêmio nacional em qualidade com base no critério Six Sigma.

Desenvolvimento de negócios e marketing

- Desenvolveu, implementou e acompanhou os resultados da estratégia de vendas da equipe. Foi mentor de 11 funcionários.
- Treinou as equipes de venda e da área técnica para desenvolver estratégias inovadoras de vendas e marketing, aumentando a receita em 20% ao ano por território.
- Trabalhou com departamentos-chave para definir as necessidades de desenvolvimento de produtos e tecnologias, vendas, posicionamento no mercado e atividades de parceiros.

JEFFREY K. OLDHAM Página 5

PRINCIPAIS REALIZAÇÕES (*cont.*)

- Escolhido para trabalhar na equipe de desenvolvimento de campanhas de marketing e palestras a fim de introduzir o conceito de custo total de impressão para clientes.

HISTÓRICO PROFISSIONAL

Consultor 2002-2003

ECG CORPORATION 2000-2001

Diretor, Desenvolvimento de negócios, 2000-2001
Gerente de programação sênior, Alianças estratégicas, 2000

LEXMARK INTERNATIONAL, INC 1992-2000

Consultor sênior, Vendas para governo e área educacional, 2000

LEXMARK INTERNATIONAL, INC. 2002-2003

Assistente especial da diretoria, Vendas na área de saúde, 1999-2000
Gerente de vendas distrital, 1997-1999
Gerente de programação sênior, Alianças estratégicas, 1996
Executivo de contas sênior, 1994-1996
Engenheiro de sistema contábil/Executivo de contas nacional, 1992-1993

JEFFREY K. OLDHAM   Página 6

HISTÓRICO PROFISSIONAL (cont.)

IBM CORPORATION   **1987-1992**

Engenheiro de sistemas contábeis, 1990-1992
Especialista em impressão e editoração eletrônica, 1988-1990
Representante comercial de contas, 1987-1988

FORMAÇÃO ACADÊMICA

Bacharelado em Administração e marketing, Magna Cum Laude
Universidade de Houston, Houston, Texas

CURRÍCULO DIRETO COM BASE EM COMPETÊNCIAS

JEFFREY K. OLDHAM
5011 Red Bridge Drive
Houston, TX 77087
(281) 858-0130
Jkoldham2@swbell.net

RESUMO

Gerente de vendas distrital com experiência em desenvolvimento de negócios, solução em vendas e tecnologia. Experiência extensa em novos produtos: lançamento e estratégia de marketing, construção de alianças estratégicas, gestão de projetos e consultoria de vendas. Habilidade na construção de relacionamentos, canais de comunicação, vendas OEM (fabricante original de equipamento), negociação de contratos e fechamento de vendas. Desempenho consistente em geração de renda, tendo superado o número de cotas em vendas e apresentado um excelente trabalho de assistência ao cliente. Boa apresentação, bom desempenho interpessoal, organizacional e nas habilidades oral e escrita.

JEFFREY K. OLDHAM   Página 2

COMPETÊNCIAS-CHAVE

Obter resultados

- Reconhecido por superar metas de venda na IBM e na Lexmark:
  - Premiação Lexmark's Winner's Circle por estar entre os 2% dos melhores profissionais de venda nos Estados Unidos.
  - Premiação Sales Director Award por seu desempenho na área de vendas no setor de saúde nos Estados Unidos, por dois anos consecutivos.
  - Account Executive of the Year (Executivo de contas do ano), por três anos.
  - Area Systems Engineer of the Quarter (Engenheiro de sistemas do trimestre), por 14 trimestres.
  - Membro do IBM 100% Club.
- Alcançou os maiores índices de venda no grupo de gerentes iniciantes, no primeiro ano na função; aumentou a receita com planos de saúde em US$2,6 milhões em dois anos.
- Aumentou o número de vendas para a Shell e a Texaco de US$500 mil para US$2 milhões em 22 meses.
- Desenvolveu campanhas de venda e marketing, recebendo prêmio de qualidade nacional com base no critério Six Sigma.

JEFFREY K. OLDHAM

COMPETÊNCIAS-CHAVE *(cont.)*

Enfoque no cliente

- Em 1998, esteve entre os 10% dos gerentes de venda com maior índice de satisfação do cliente.
- Convenceu gerentes da área clínica e de TI a adquirir plataformas atualizadas a despeito da competição local. Coordenou o lançamento no County Hospital District.
- Reconhecido pela qualidade no serviço de atendimento ao cliente enquanto trabalhava como membro-chave da equipe responsável pela introdução do conceito de custo de impressão.
- Geriu o projeto CRM com aumento da satisfação do cliente de 67% para 95%.

Habilidades interpessoais

- Coordenou 11 profissionais da área de vendas, suporte técnico e administração na venda de equipamentos de impressão e serviços de plano de saúde para clientes em 23 estados no leste dos Estados Unidos.
- Treinou as equipes de venda e de suporte técnico no desenvolvimento de estratégias inovadoras de vendas, que aumentaram em 20% ao ano por região.
- Assessorou reuniões de equipe e de estratégias para assegurar que o grupo mantivesse o foco na conclusão de um acordo de US$12 milhões com o Columbia/HCA.

JEFFREY K. OLDHAM   Página 4

COMPETÊNCIAS-CHAVE *(cont.)*

Organização

- Coordenou a equipe responsável pela introdução de serviço de assistência e fornecimento de peças, 24 horas por dia, 7 dias por semana, para a NCR. Aprimorou o serviço de marketing corporativo.
- Organizou importantes oportunidades de negócio para clientes em todo o território nacional para maximizar a receita da equipe de planos de saúde. Excedeu em US$6 milhões a meta de receita em 5 meses.

Formação técnica

- Desenvolveu metodologias de venda e gerenciou contas específicas para os departamentos técnicos, objetivando definir as demandas tecnológicas, os cursos para desenvolvimento de projeto, o posicionamento no mercado, a formação de redes e as atividades com parceiros.
- Planejou e implementou campanhas de venda/marketing; recebeu premiação nacional de qualidade com base em critérios Six Sigma.

JEFFREY K. OLDHAM   Página 5

HISTÓRICO PROFISSIONAL

Consultor   2002-2003

ECG CORPORATION   2000-2001

Diretor, Desenvolvimento de negócios, 2000-2001
Gerente de programação sênior, Alianças estratégicas, 2000

LEXMARK INTERNATIONAL, INC.   1992-2000

Consultor sênior, Vendas para governo e área educacional, 2000
Assistente especial da diretoria, Vendas na área de saúde, 1999-2000
Gerente de vendas distrital, 1997-1999
Gerente de programação sênior, Alianças estratégicas, 1996
Executivo de contas sênior, 1994-1996
Engenheiro de sistema contábil/Executivo de contas nacional, 1992-1993

IBM CORPORATION   1987-1992

Engenheiro de sistemas contábeis, 1990-1992
Especialista em impressão e editoração eletrônica, 1988-1990
Representante comercial de contas, 1987-1988

FORMAÇÃO ACADÊMICA

Bacharelado em Administração e marketing, Magna Cum Laude
Universidade de Houston, Houston, Texas

PONTOS-CHAVE DO CAPÍTULO 6

O sucesso é abocanhar mais do que pode mastigar e, ainda assim, conseguir mastigar.

— Anônimo

Quais são as diferenças entre cada modelo de currículo? Quando devo optar por um determinado modelo?

A tabela a seguir irá explicar as características de cada modelo de currículo com base em competências

Modelo de currículo	É mais eficaz quando...	Modelo
Cronológico	• Utilizado em empresas com perfil mais tradicional. • Você deseja trabalhar no mesmo ramo. • Não há interrupções significativas na experiência de trabalho. • Não foi rebaixado de cargo. • A ênfase é dada no histórico profissional.	1. Listar as realizações de cada cargo. 2. Inicie pelo trabalho mais atual e, a partir daí, descreva os cargos anteriores. 3. O resumo e as listas de realizações são descritos com ênfase no sistema de competências.

(cont.)

Modelo de currículo	É mais eficaz quando...	Modelo
Funcional	• Você teve interrupções em seu histórico profissional. • Você foi rebaixado de cargo. • Você mudou de área profissional. • O enfoque é dado nas realizações. • Você está vendendo um serviço para os clientes, como a consultoria.	1. Listar as realizações abaixo de cada função. 2. Inicie pelo cargo mais relevante para a posição que almeja. 3. O resumo e a lista de realizações são descritos com ênfase no sistema de competências. 4. A lista cronológica do histórico profissional é inserida após as realizações, próximo ao final do currículo, mas antes da seção que inclui formação acadêmica ou demais seções.

Modelo de currículo	É mais eficaz quando...	Modelo
Direto	• Usado para as empresas que operam com o sistema de competências, tanto para se candidatar a um cargo quanto para conseguir uma promoção ou transferência dentro da mesma empresa. • Você quer demonstrar suas realizações para cada área de competência. • A ênfase é dada nas exigências de competências, claramente identificadas.	1. Listar realizações abaixo de cada competência. 2. Inicie pela competência mais relevante para o cargo que almeja. 3. O resumo e as realizações são descritos com ênfase no sistema de competências. 4. A lista cronológica de cargos anteriores deve ser incluída ao final do currículo e iniciada pela posição mais recente.
Eletrônico	• Você enviará o currículo por e-mail. • Você quer anunciar seu currículo em um site pessoal ou de recrutamento. • Você está redigindo um currículo solicitado por um empregador.	1. Identificar as palavras-chave. 2. Certifique-se de usar as competências-chave em seu resumo. 3. Listar as competências-chave no início da seção. 4. O formato pode ser funcional, cronológico ou direto.

Posso combinar modelos distintos de currículo?

- Sim, mas certifique-se de que o passo inicial seja determinar as competências-chave exigidas pela empresa em que almeja trabalhar.
- Dependendo da demanda do empregador e da adequação da sua experiência e formação para o cargo, é possível utilizar uma combinação de modelos.

7. Aperfeiçoe outras seções do currículo

No capítulo anterior mostramos a importância de provar que você possui as competências necessárias para obter sucesso em um trabalho. Mas o que mais é importante? De que outra maneira você pode apresentar suas qualidades de forma eficaz?

Ao lermos um bom jornal, interagimos com muito mais do que os fatos. O editor precisa decidir a manchete correta, o espaçamento da coluna, a fonte, o formato, as fotos, os quadrinhos e o layout que melhor convencerão o leitor de que o jornal vale a pena ser comprado.

É preciso convencer a pessoa que lê o seu currículo de que *você* vale a pena. Não importa se sua capacidade de exercer o cargo é óbvia, você precisa apresentar as competências de maneira que seu profissionalismo fique claro para o empregador. A apresentação é muito importante. Você precisa saber vender suas qualidades para a empresa em que almeja trabalhar demonstrando essas competências.

No Capítulo 5 tratamos da necessidade de escrever uma lista de realizações relacionadas às suas competências. Neste capítulo, nós apresentaremos outras seções do currículo, inclusive o resumo, a formação acadêmica, as habilidades técnicas e demais informações. Estas seções, se redigidas de forma adequada, podem oferecer evidências adicionais de que você possui "o componente certo", isto é, as competências de que os empregadores precisam.

Um dos pontos-chave para a redação de um bom currículo é ser honesto, mas tenha consciência de sê-lo de forma diplomática, não brutal. O objetivo é enfatizar as características e realizações que serão interpretadas de forma positiva pelo leitor e diminuir a importância daquelas que poderão prejudicá-lo.

RESUMO OU PERFIL

Esta é uma das partes mais importantes de qualquer currículo porque, se for bem redigida, conseguirá "vender" a sua formação. A seção referente ao resumo praticamente substituiu a descrição do objetivo profissional por ser uma forma muito mais eficaz de se apresentar para o empregador em potencial.

Não se fazem mais currículos como antigamente, com ênfase nas características e objetivos pessoais. Hoje em dia, opta-se pelo formato com base em competências, que prioriza as necessidades do empregador. O resumo é a primeira oportunidade para demonstrar ao leitor que você possui as competências necessárias e é a melhor opção para o cargo.

Neste modelo de currículo é importante incluir palavras que se refiram às competências selecionadas. Use sinônimos e palavras afins, oferecendo variações nos termos. **Perceba que, se você não adquirir a lista de competências diretamente da empresa, eles podem usar diferentes termos para descrever uma competência. "Atingir resultados", por exemplo, pode estar listado como "Atingir metas".**

Cada consultor de carreira adota um estilo específico para redigir o currículo. Neste livro, demonstraremos uma gama variada de modelos e você poderá selecionar o que melhor atender às suas necessidades.

Uma das primeiras medidas é começar com o título do seu cargo ou com como você se define profissionalmente. Em seguida, escreva sobre suas habilidades, seus pontos fortes relacionados ao trabalho e pontos fortes nas suas áreas de competência. Inclua certificações e habilidades específicas, como proficiência em inglês e espanhol. Alguns especialistas preferem separar as habilidades em listas, enquanto outros defendem o contrário. Essa decisão depende do que você considerar mais eficaz para o leitor do seu currículo. Essas listas podem ser incluídas na seção de habilidades e pontos fortes ou, ainda, ser usadas para destacar as suas competências.

No geral, o resumo do currículo deve ter entre cinco e nove linhas, a menos que esteja em formato de lista.

HABILIDADES TÉCNICAS

Esta seção é opcional. No entanto, é a mais importante para o currículo de profissionais técnicos (particularmente para as posições em TI e na área de engenharia). De acordo com a importância das habilidades técnicas para o cargo, ela pode ser a segunda seção do currículo (logo após o resumo) ou, no caso de currículos no formato cronológico, ser inserida após a seção de experiência profissional. Quando o modelo adotado é o funcional, coloque-a após a seção de histórico profissional. Se esta seção for crucial para o cargo, pode ser inserida na parte de cima do currículo.

Por exemplo, se a empresa está procurando um programador, seus conhecimentos sobre softwares são importantes e, provavelmente, será a primeira coisa que o leitor procurará. Apresente estas informações em uma seção específica para que seja fácil identificá-las no currículo.

FORMAÇÃO ACADÊMICA

Esta seção do currículo é aquela em que as pessoas mais declaram inverdades. Todos somos capazes de enumerar alguns profissionais que perderam os empregos ou que pelo menos sofreram uma advertência por não falarem a verdade sobre sua formação.

Em 2002, o diretor de atletismo da Universidade Dartmouth se demitiu após um de seus funcionários descobrir que ele não havia terminado o mestrado. Ele cometeu o erro de escrever no currículo que possuía este título.

A presidente do United States Olympic Committee (Comitê Olímpico dos Estados Unidos) demitiu-se após um funcionário descobrir que ela não tinha concluído a graduação na Universidade do Estado do Colorado nem o doutorado pela Universidade do Arizona.

Infelizmente, a lista é longa. É importante compreender que é cada vez mais fácil para o empregador averiguar as informações que constam do currículo. Você até pode esconder a verdade por um tempo, mas recomendamos que evite forjar dados.

Então, o que você deve inserir nesta seção do currículo? Comece com a formação mais recente e siga em ordem cronológica inversa. É importante incluir os seguintes tópicos:

- Nome da universidade.
- Formação.
- Área de especialização.

Se o seu diploma foi emitido há dez ou 15 anos, use o bom senso para definir se é recente o suficiente para ser incluído. Por exemplo, a área de TI teve mudanças consideráveis nos últimos 15 anos, o que faz com que um diploma mais antigo de ciências da computação valha menos do que diplomas da mesma data em outras áreas, como contabilidade, que não sofreu tantas modificações.

Avalie primeiro as competências que o empregador procura, inclusive as funcionais.

Se você possui três especializações em seu programa de MBA, certifique-se de listar primeiro a que demonstra competência na área mais relevante para o cargo. Por exemplo, se você quiser ser contratado na área de recursos humanos, liste suas especializações da seguinte forma: recursos humanos, marketing e finanças. Se estiver se candidatando a um cargo financeiro, a ordem é: finanças, marketing e recursos humanos.

Em qualquer listagem, o que se escreve primeiro é o que será lembrado. Em um currículo com base em competências, enfatize a informação mais importante colocando-a no topo da lista.

Se você é recém-formado, é bom incluir seu CR. Escolha a nota mais alta de todas as especializações cursadas e coloque-a em primeiro lugar. Se o valor for baixo, é melhor ocultar a informação.

Mesmo que tenha passado alguns anos da faculdade desenvolvendo suas "habilidades sociais", em vez de focar nos estudos, você pode ser um bom candidato para o empregador certo. Ao redigir um currículo baseado em competências, estará enfatizando como suas habilidades ajudarão o empregador a obter mais sucesso.

Em poucos anos, você terá experiência suficiente para escrever a respeito de suas habilidades e, então, as notas na faculdade terão menos relevância.

Se ainda não concluiu a graduação, escreva sobre suas expectativas ao final do curso. Se você frequentou diversos cursos na faculdade, precisará decidir quais deverão ser mencionados.

INFORMAÇÕES ADICIONAIS

Que outras informações deverão ser incluídas no currículo?

Alguns especialistas acreditam que os melhores currículos não apresentam informações pessoais. Na verdade, essa questão deve ser avaliada de acordo com seu caso: é preciso decidir qual informação realmente o auxiliará a conseguir o cargo.

Até pouco tempo, os currículos normalmente incluíam informações sobre altura, peso, idade, estado civil, filhos, excelente saúde do candidato (há trinta anos, todo mundo apresentava excelente saúde, pelo menos nos currículos!). E, é claro, era preciso pedir as referências.

Atualmente (ou melhor, de vinte anos para cá) esse tipo de informação não faz parte dos currículos. Eles são direcionados às informações que se relacionam diretamente com as habilidades necessárias para determinado trabalho. Além disso, buscamos usar o espaço disponível da forma mais produtiva possível.

Caso opte por incluir informações pessoais que não estejam diretamente relacionadas com sua experiência profissional ou escolaridade, lembre-se de que a melhor informação é aquela que corrobora os pontos fortes nas suas áreas de competência. Por exemplo, se está interessado no cargo de relações-públicas, apresente sua habilidade de escrever, pois é uma competência de grande importância. Se quer ser gerente de assuntos comunitários, demonstrar liderança em atividades na região em que vive é essencial.

Procure ressaltar apenas experiências relevantes e apropriadas para o cargo que almeja. Os 45 artigos que escreveu podem ser relevantes caso esteja se candidatando para a posição de pesquisador ou para outro cargo universitário. No ramo empresarial, o extenso número de artigos pode ser um indicativo de que você se encaixa melhor na esfera acadêmica. Selecione as informações de acordo com o perfil do cargo e da empresa.

Não inclua informações que possam eliminar as suas chances de ser selecionado, a não ser que sejam absolutamente necessárias. Lembre-se de que mesmo os gerentes de contratação são tendenciosos e preconceituosos, portanto não lhes dê motivos para não selecioná-lo. Se você é um ativista político ou religioso em grupos que não sejam bem-vistos, não informe isso em seu currículo. Mesmo um ativista de grupos sem ações controversas pode ser eliminado por motivos pessoais do empregador, como o fato de seu ex-cônjuge ter sido membro do mesmo grupo.

Ao optar por incluir informações adicionais, não arrisque.

A seleção dos dados que serão incluídos no currículo pode ser uma tarefa desafiadora. Analise as suas habilidades, competências e outros atributos a partir de diferentes ângulos. Considere se o que incluiu pode ser mal interpretado ou visto de forma negativa. Se for questionável, deixe de fora. Pese os aspectos positivos e negativos de cada informação.

Lembre-se de que esta é a sua oportunidade de fazer uma primeira impressão positiva, então use-a com sabedoria. Ao ser chamado para uma entrevista, o seu currículo servirá como referência para as perguntas. Certifique-se de que o seu currículo mostre como você é talentoso e esteja preparado para defender o que apresentou.

PONTOS-CHAVE DO CAPÍTULO 7

O sábio fala porque tem algo a dizer; os tolos falam porque precisam dizer algo.

— Platão

Por que as outras seções no meu currículo são tão importantes?

- Ao "vender" as suas competências, deve lembrar-se de que está vendendo a sua imagem, isto é, o que há de único em sua formação geral e em suas experiências.
- Vários candidatos desperdiçam tempo ilustrando seus feitos apenas para diminuir a importância do restante do currículo. A apresentação importa.

Por que o resumo é tão importante?

- É a primeira parte do seu currículo e a primeira impressão que o empregador terá a seu respeito.
- O resumo irá ressaltar as suas melhores qualidades.
- É a junção de seus feitos e de sua personalidade em uma única seção.
- Compele o empregador a ler o resto do currículo.

Como devo fazer o resumo do meu currículo baseado em competências?

- É importante incluir palavras ou sinônimos relacionados às competências que escolheu. Use palavras relacionadas às competências que o empregador precisa para obter sucesso.

Você poderia me dar uma lista de características essenciais para o resumo?

- Comece pelo título que escolheu para definir sua atividade profissional.
- Escreva sobre as suas habilidades relacionadas ao trabalho e os pontos fortes nas áreas de competência listadas no currículo.
- Inclua certificações e outras habilidades como proficiência em espanhol e inglês.
- Você pode apresentar suas competências ou seus pontos fortes em listas, para enfatizá-las.

Eu sou de área técnica. O que posso fazer para melhorar meu currículo?

Você pode incluir uma seção, logo após o resumo, denominada "Habilidades técnicas" ou algo similar. É uma boa forma de realçar a relevância de conhecimentos sobre programas ou softwares ou de certificações que demonstrem competências pelas quais seu empregador possa se interessar.

Com o que devo me preocupar na seção "Formação acadêmica"?

Tenha cuidado ao incluir seu diploma, CR ou a data de graduação (você nem sempre precisa incluir a data). *Os seus dados podem ser verificados pelo empregador!*

Quais são as regras para incluir a minha formação?

- Insira as informações em ordem cronológica inversa.
- Inclua: Nome da universidade, cidade, estado, graduação, especialização, pós-graduação e área de especialização.
- Se o seu diploma de graduação tem menos de 10 anos, inclua o ano. A partir disso considere não colocar a informação.
- Liste primeiro a especialização que demonstra competência na área mais relevante para o cargo.
- Se você ainda não possui um diploma, escreva a data de previsão para o término do curso.

8. Releia, revise e aprimore seu currículo

A lenda do baseball, Yogi Berra, afirmou: "É um déjà-vu novamente."

Ao escrevermos um currículo, às vezes nos sentimos assim, porque passamos muito tempo reescrevendo, editando, revisando e aprimorando o texto. E todo esse trabalho será repetido para cada vaga que almejar.

E o déjà-vu continua. Todas as vezes que se candidatar a uma nova posição, você deverá planejar, revisar e adaptar o currículo de forma que atenda às necessidades do novo empregador ou cargo. É provável que precise acrescentar novas realizações, revisar as informações existentes e excluir algumas.

Podemos pensar nesse processo como o comércio de pérolas. Em geral, existe uma relação entre o brilho da pérola e seu valor. Portanto, continue lustrando!

A boa notícia é que, se você escrever um bom currículo baseado em competências, irá sentir-se bem com suas conquistas e com a aparência de seu texto. E essa sensação irá se repetir sempre que precisar revisá-lo! Além disso, vai se sentir muito competente.

REVEJA O CURRÍCULO

Ao concluir o primeiro rascunho, leia-o com atenção, sem pressa, para certificar-se de que escreveu exatamente o que intencionava dizer.

Primeiro analise o conteúdo, depois faça as correções necessárias. Seguem alguns passos para certificar-se de que seu currículo está o mais completo e polido possível após terminar o primeiro rascunho.

1. Leia o resumo e a descrição das suas realizações. Certifique-se de ter incluído as informações que identificam os seus pontos fortes e ilustram as competências exigidas pelo empregador.
2. Peça ao seu consultor, antigos gerentes e colegas de trabalho de confiança para revisarem o texto e verificarem se recordam alguma habilidade que você possa ter deixado de fora. Também solicite auxílio para identificar as realizações subestimadas (ou superestimadas), para que possa reescrever o currículo e apresentá-lo da melhor forma possível. É importante agradecer o auxílio, seja pessoalmente, por carta ou por e-mail. Esta atitude mantém o seu círculo de relações satisfeito e disposto a trabalhar novamente com você no futuro.

Lembre-se de que seu revisor deverá lhe dar sugestões sobre o conteúdo e não sobre o estilo de currículo, escrita ou gramática. Avalie os pontos fortes do revisor e tenha cuidado se um profissional que não seja consultor de carreira ou da área de recursos humanos tentar reescrever seu currículo. Mesmo nestas áreas, os profissionais apresentam níveis distintos de habilidade na redação de currículos.

Certa vez, uma cliente nos procurou com um dos piores currículos já vistos. O texto havia sido reescrito por uma amiga da cliente, proveniente da área legal. O currículo original, embora não estivesse perfeito, estava muito melhor do que o revisado.

3. Certifique-se de que não tenha incluído nenhuma informação que possa fazer o empregador descartá-lo. Reveja o Capítulo 5 para mais detalhes sobre o tipo de texto que pode levá-lo a ser excluído do processo seletivo.
4. Avalie o tom e a linguagem, assegurando-se de que está fazendo afirmações de forma positiva. Uma boa alternativa é visitar o site da empresa e ler as publicações disponíveis para familiarizar-se com a linguagem e certificar-se de que adotou o estilo e a terminologia adequados. Em especial, preste atenção na forma como a empresa descreve as competências.
5. Nunca envie seu currículo sem passá-lo pelo corretor ortográfico. No entanto, a ferramenta não é completamente eficaz, então você ainda precisa ter noções básicas de gramática e pontuação.

Um jornal escolar publicou uma crítica a um filme com alto grau de violência. O crítico admitiu precisar de apoio moral em função do teor das cenas, então levou sua família e *amigos* para ver o filme. Nós sugerimos que você pergunte a um de seus *amigos* se ele pode ajudá-lo a revisar o currículo e identificar erros de digitação.

6. Verifique a coerência. Certifique-se de que concluiu cada período da forma correta (com ou sem um ponto final). Nossa recomendação é sempre terminá-los dessa forma, mas isso é opcional.

   Uma prática problemática é o uso da vírgula antes e depois de apostos. Nós sabemos que a preferência geral é não incluí-la, mas devemos lembrar que, em algumas situações, ela pode ajudar.

   O mais importante é ser consistente.
7. Revise as palavras e frases repetidas. O uso de sinônimos ajuda a manter o interesse do leitor. Em geral, ficamos entediados ao ler um currículo em que cada realização começa com o mesmo termo, como "gerenciou" ou "salvou".
8. Certifique-se de que cada frase que descreva uma realização comece com um verbo de ação poderoso. Releia o Capítulo 5 para assegurar que entendeu as recomendações sobre como escrever sua lista de realizações.

REVISE E APRIMORE O CURRÍCULO

Após a revisão do currículo e análise das contribuições de outros profissionais, identifique as palavras e frases que precisará substituir. Este é o momento de editar, revisar e reescrever o currículo, em parte ou inteiro.

Quando finalizar as modificações, se não tiver nenhuma entrevista agendada, guarde-o por um ou dois dias. Releia-o após esse intervalo.

Isso vai ajudá-lo a pensar no seu currículo como um trabalho em progresso — você sempre pode fazer mudanças depois. Seu currículo deve evoluir e melhorar à medida que você:

- Acata sugestões durante a procura por trabalho.
- Desenvolve novas competências e habilidades.
- Recebe premiações, certificados ou diplomas.
- Candidata-se a novos cargos e atribuições.
- Percebe que as abordagens tradicionais não são eficazes para a sua situação.

PRESTE ATENÇÃO NA APARÊNCIA DO SEU CURRÍCULO

Listamos abaixo algumas dicas para que seu currículo pareça o mais sofisticado possível.

Fonte: Use Times New Roman ou similar. Algumas empresas de alta tecnologia utilizam Arial ou Helvetica. Use a mesma fonte do começo ao fim, para que o currículo pareça o mais profissional possível. Mantenha o tamanho da fonte entre 10 e 12 pontos, dependendo de como as suas informações se ajustarão nas páginas. Tenha cuidado ao usar negrito, itálico e sublinhado.

Margens: Em geral, optamos por deixar as margens em cima, embaixo, à direita e à esquerda com pelo menos 0,8 centímetros, para assegurar que haja espaço suficiente para manter o leitor engajado na leitura e não sentir que a quantidade de informação é excessiva.

> **Dica**: Segure o currículo longe dos seus olhos, de forma que não seja possível ler as palavras. O currículo deve ser fácil de ler e visualmente agradável. Os espaços em branco (ou seja, onde não há nada escrito) são suficientes? As páginas e margens estão equilibradas?

Você pode usar o tamanho da fonte e da margem para garantir que a quebra entre a primeira e a segunda página esteja em equilíbrio, sem interferir negativamente na aparência da página. É importante inserir seu nome e o número da página na margem superior da segunda folha (demonstrado nos exemplos de currículos divididos em duas páginas) para garantir que as páginas, se forem separadas, poderão ser colocadas em ordem com facilidade.

PREPARE-SE PARA O FUTURO

Quando terminar de avaliar, editar e revisar o currículo para uma determinada função, recomendamos que você estabeleça um sistema para acompanhar suas competências e realizações. Gostamos de chamá-lo de sistema de preenchimento com base em competências.

O sistema pode ser configurado utilizando uma planilha ou banco de dados. Ao adotar estes programas, você terá a flexibilidade de identificar informações com base nas competências, cargos, realizações ou data em que algo relevante ocorreu. Ao inserir os dados importantes no sistema, é fundamental mantê-lo atualizado. Lembre-se de atualizá-lo ao menos uma vez por mês para inserir realizações que descrevam as suas conquistas e as competências desenvolvidas nesse período.

A cada mês, você deverá atualizar as suas competências ao fazer as seguintes perguntas:

- Quais competências eu fortaleci ou desenvolvi neste mês?
- O que eu realizei durante este período que pode fornecer evidências de que sou competente nas áreas relevantes para a minha empresa?
- Quais realizações foram alcançadas que demonstram que possuo outras competências listadas neste livro?

Desenvolva bem a sua lista de realizações e inclua novas informações em seu banco de dados, planilha ou sistema de preenchimento. Assim, você estará mais preparado para atualizar seu currículo da próxima vez que se candidatar a um cargo.

> **Dica:** Ter essas informações disponíveis faz com que você se sinta confortável, podendo facilmente impressionar o seu gerente,

demonstrando estar preparado para a avaliação de desempenho. Se estiver trabalhando em uma empresa que utiliza a avaliação com base em competências, entregue ao gerente uma listagem com as suas competências mais relevantes, acompanhada das realizações, algumas semanas antes da avaliação. Isso fará com que você seja visto de forma extremamente positiva.

PONTOS-CHAVE DO CAPÍTULO 8

Eu tento fazer a coisa certa na hora certa. Podem ser coisas pequenas, mas normalmente fazem a diferença entre ganhar e perder.

— Kareem Abdul-Jabbar

Como deve ser o processo inicial de edição do currículo?

Primeiro leia o conteúdo, depois faça as correções.

Quais são as dicas para editar o currículo?

- Peça ao seu consultor, amigos e antigos gerentes para avaliar o texto e lhe oferecer algumas contribuições.
- Leia o currículo e guarde o texto. Releia-o alguns dias depois.
- Use o corretor ortográfico, mas não confie nesta ferramenta para a edição completa. Verifique cada palavra antes de enviar o currículo. Ler o documento ajuda a perceber se os termos utilizados estão adequados.

- Verifique primeiro o tom e a linguagem adotados. Depois verifique a gramática e a pontuação, identifique os erros ortográficos e o uso equivocado de termos, em seguida a consistência do texto e, por último, o apelo visual.

Por que meu currículo deve estar em constante progresso?

Seu currículo deve evoluir e melhorar conforme você:

1. Acata conselhos durante a busca por emprego.
2. Desenvolve novas competências e habilidades.
3. Recebe premiações, certificados ou diplomas.
4. Candidata-se a novos cargos e atribuições.
5. Percebe que as abordagens tradicionais não são eficazes para a sua situação.

Devo manter um histórico de minhas realizações?

Sim, crie um sistema para manter as suas competências e realizações atualizadas. Nós o definimos como um sistema para preenchimento de dados com base em competências. Você deve acompanhá-las a cada mês, perguntando a si mesmo:

1. Quais competências eu fortaleci ou desenvolvi neste mês?
2. O que eu realizei durante este período que fornece evidências de que sou competente nas áreas relevantes para a minha empresa?
3. Quais realizações alcançadas demonstram que sou competente em outras áreas?

Este sistema de preenchimento também é utilizado para outros propósitos?

Sim, é uma excelente ferramenta de marketing pessoal. Imprima uma lista com as suas realizações relacionadas a competências. Apresente-a ao seu chefe quando quiser ser considerado para um novo cargo e antes da avaliação de desempenho. *Algumas semanas antes da avaliação, lembre-se de apresentar ao gerente a sua lista de realizações relacionadas a competências para que ele possa considerá-la ao redigir a avaliação final de desempenho.*

9. Certifique-se de que o currículo foi concluído

A esta altura, você leu com cuidado cada capítulo, sabe como redigir um currículo com base em competências e entende os benefícios de um currículo primoroso e objetivo. Imaginamos que uma lista de verificação poderia ser útil. Todos os caçadores de recompensa bem-sucedidos utilizam um guia detalhado para encontrar o esconderijo do pote de ouro, então aqui está o seu mapa do tesouro. A busca por um emprego é uma aventura, portanto não perca nenhuma indicação assinalada. Se você seguir estes passos, assim como fez Indiana Jones, o prêmio será seu.

LISTA DE VERIFICAÇÃO PARA REDIGIR UM CURRÍCULO COM BASE EM COMPETÊNCIAS

O mais importante ao se redigir um currículo com base em competências é manter o foco nas necessidades do empregador.

---

1. Coleta de informações

Reúna uma lista de verificação para cada cargo almejado.

a. Qual é o cargo desejado?
Tarefa: Liste os cargos específicos e os títulos.

b. Em qual empresa almeja trabalhar?
Tarefa: Liste as empresas e organizações escolhidas.

2. Compilação da lista de competências

Identifique competências relevantes.

a. Quais são as competências exigidas para o cargo?
Tarefa: Liste as competências exigidas pela empresa que está oferecendo o cargo. Verifique propagandas, anúncios de empregos, avaliações de desempenho, sites e manuais da empresa para identificar a lista de competências. Converse com pessoas de sua rede de contatos que sejam referência na área. *Certifique-se de que usou a mesma terminologia adotada pela empresa.*

b. Se as competências não estiverem claramente identificadas, questione:

1. Elas aparecem identificadas na lista de informações no apêndice A, mas não são denominadas competências? Procure por tópicos como "requisitos", "dimensões" ou "qualificações". Leia com atenção, para ver se as competências típicas foram incluídas nos anúncios.

2. Quais são as competências mais utilizadas pelos concorrentes no mesmo setor?

3. Quais são as competências listadas em sites de busca de emprego, como catho.com.br, para a minha área profissional?
4. Que competências listadas no Capítulo 3 são mais relevantes para o cargo em que estou interessado?
Tarefa: Avalie o relatório da empresa para identificar competências exigidas de forma indireta. Pesquise empresas e setores similares para identificar competências (adicionais ou não) para o cargo que almeja. Visite sites de emprego para descobrir competências listadas para cargos similares. Veja a lista de competências do Capítulo 3 e eleja de 10 a 15 como mais relevantes para o seu cargo.

c. Quais são as *melhores* competências? Quais são as mais importantes para ser bem-sucedido no cargo?
Tarefa: Crie uma lista final de competências e utilize-a em sua busca por emprego.

d. Pergunte a si mesmo: "Quais são as minhas competências mais fortes?"
Tarefa: Liste as suas competências mais fortes. No Capítulo 3, verifique a lista das **competências mais comuns utilizadas pelas empresas**. Liste todas as suas competências. Algumas podem ser diferentes das apresentadas na lista do apêndice A.
Tarefa: Identifique as suas competências que são compatíveis com aquelas listadas no cargo almejado. São essas que você irá destacar em seu currículo, tanto no resumo quanto na lista de realizações.

3. Escreva o resumo

a. Quais são as competências mais importantes para ser bem-sucedido no cargo?
Tarefa: Escreva um resumo claro, identificando quão apto está para realizar as competências listadas. Redija frases curtas, fáceis de avaliar e precisas. Inclua o que você faz melhor, pelo que é reconhecido, e as habilidades especiais relacionadas às competências relevantes, como idiomas, diplomas e formação acadêmica.
Tarefa: Avalie o texto com base no tom, terminologia e, principalmente, pela imagem que está projetando. Lembre-se de que os leitores terão sua primeira impressão sobre você com base no resumo do seu currículo.

b. Quais são as realizações que melhor demonstram que possuo as competências exigidas para este cargo em particular?
Tarefa: Escreva as suas realizações para cada competência. Comece com o cargo atual e insira os demais em ordem cronológica inversa.
Tarefa: Redija sua lista de realizações relacionando-as a um dado problema ou situação, ação e resultados, que geralmente são chamados de P-A-R. Sempre utilize verbos de ação no começo de suas frases.
Tarefa: Liste as realizações por ordem de importância, dentro de cada competência ou cargo.

c. Que estilo de currículo com base em competências — funcional, cronológico, direto ou uma combinação desses — promoverá a minha formação de maneira mais eficaz para os empregadores em potencial?
Tarefa: Organize a lista de realizações relacionadas às competências por ordem de prioridade para o modelo selecionado.

4. Redija as demais seções do currículo

Seja sucinto, focado e honesto.

a. Quais graduações, licenças ou certificados demonstram experiência em uma área de competência ou, de alguma outra forma, atendem às demandas do cargo almejado?
Tarefa: Liste suas realizações acadêmicas em ordem cronológica inversa. Aqui estão as partes principais que devem ser incluídas:
> Nome da faculdade ou universidade
> Graduação
> Mestrado, pós-graduação, especialização

Se você recebeu o diploma nos últimos 10 anos, inclua a data. Se ele, porventura, tiver mais de 15 anos, deixe essa informação de fora, a menos que exista uma boa razão para incluí-la.
Tarefa: Liste todas as licenças e certificados, eles podem ajudá-lo a demonstrar competências ou habilidades de forma mais objetiva, basta inseri-los dentro da seção de habilidades técnicas específicas. Essas informações podem aparecer após o resumo, se forem cruciais para o cargo almejado, e antes ou depois da seção sobre formação acadêmica, se forem menos importantes.

b. Que atividades ou trabalhos voluntários demonstram experiência nas áreas de competência?
Tarefa: Liste atividades, hobbies e trabalhos voluntários. Avalie o benefício da inclusão dessas informações com cuidado e só as inclua se estiver confiante de que serão encaradas de maneira positiva. A maioria das pessoas não inclui atividades, trabalhos voluntários ou hobbies em seu currículo. Sempre evite informações que possam soar controversas.

5. Edição do currículo

a. Repeti algumas palavras com muita frequência?
Tarefa: Analise o currículo e procure por palavras muito utilizadas. Perceba que em uma lista de verificação pode-se usar o termo "analisar" várias vezes! Em um currículo, é preciso ser mais cuidadoso.

b. O currículo foi redigido de forma objetiva? Alcancei o objetivo principal ao escrevê-lo? Pareço um forte candidato ao cargo? É fácil perceber que possuo experiência nas competências relevantes?
Tarefa: Reveja o currículo e procure por erros gramaticais e de ortografia. Use o corretor ortográfico.
Tarefa: Reveja a pontuação. Escolha se irá terminar todas as frases com pontos ou não. Mais importante: seja consistente.
Tarefa: Releia o currículo para garantir que tudo foi redigido no passado, exceto as realizações que estão em andamento ou que estão ocorrendo no presente.
Tarefa: Reveja a linguagem do resumo e da lista de realizações. Lembre-se de que frases curtas normalmente são mais fortes do que as longas. Elimine palavras desnecessárias que não adicionam nada ao conteúdo (a, o, vários, muitos, que).
Tarefa: Analise o tom do currículo. Ele está de acordo com o estilo do site ou de qualquer outra publicação da empresa? *Visite sites e analise a linguagem e o tom que a empresa adota para descrever a si mesma. Procure identificar outras publicações.*

6. Analise o apelo visual do currículo

a. Qual é a primeira impressão projetada? O documento apresenta apelo visual?
Tarefa: Procure equilibrar os espaços em branco (sem texto), eles deixam a leitura mais agradável e poupam os olhos do leitor.

Tarefa: Se for um currículo de duas páginas, certifique-se de que a quebra de página está adequada (isto é, entre seções). Faça com que o texto da segunda página ocupe pelo menos dois terços do espaço, utilizando o tamanho da fonte e dos espaços ou as quebras de página para auxiliar no processo. Tome cuidado com quebras de páginas forçadas entre parágrafos, dentro da lista de realizações ou na descrição dos cargos.

Tarefa: Lembre-se de incluir seu nome e o número da página no topo da segunda folha do currículo. Isso pode ajudar caso a cópia impressa seja separada, pois seu nome já estará no topo da primeira página.

Tarefa: Ajuste as margens e o tamanho da fonte para equilibrar o currículo nas duas páginas (o tamanho da fonte deve ser entre 10 e 12).

Tarefa: Utilize apenas um tipo de fonte, a menos que tenha uma boa razão para fazer o contrário. Atualmente, a fonte mais comum é a Times New Roman. As fontes Helvética e Arial tendem a ser utilizadas em áreas de tecnologia.

Tarefa: Seja cuidadoso ao utilizar sublinhados, letras maiúsculas, itálico e negrito, adotando-os de maneira eventual.

10. Consulte estudos de casos em busca de ideias para tornar seu currículo mais eficaz

Existem três métodos para atingir a sabedoria: o primeiro, mais nobre, é a reflexão; o segundo, mais fácil, a imitação; e o terceiro, mais amargo, a experiência.

— Confúcio

A despeito de estarmos ensinando um novo método para redigir seu currículo, o encorajamos a prestar atenção nas palavras de Confúcio. Em especial, na segunda parte da citação.
Não somos contrários ao processo reflexivo ou a experiência, mas recomendamos a leitura dos Capítulos 10 e 11, em busca de ideias para deixar seu currículo mais eficaz. Você obterá sabedoria? Não temos certeza, mas podemos dizer que é muito mais fácil modificar um modelo existente do que criar um novo currículo. Neste capítulo, incluímos alguns estudos de caso para que você entenda como lidamos com situações *desafiadoras*, e ilustramos o desenvol-

vimento de quatro currículos baseados em competências. Muitas pessoas possuem aspectos da formação acadêmica e do histórico profissional difíceis de explicar em um currículo. Observando os modelos a seguir, você verá bons exemplos de como abordar essas questões, tornando-as menos óbvias.

O currículo focado em competências enfatiza dois aspectos: a necessidade do empregador e a adequação de suas competências ao que ele procura. Este modelo é particularmente eficaz quando precisa tratar de aspectos difíceis de explicar e que possam comprometer o seu histórico.

Nós acreditamos que você é uma estrela, mas você precisa acreditar também. Seu currículo precisa refletir quão preparado está e encobrir as deficiências ao máximo em seu histórico profissional.

Você consegue fazer isso. Nós demonstraremos as dificuldades existentes em quatro currículos e as soluções desenvolvidas.

Conheça Jeff Oldham, profissional de vendas; Mary Ann Stevens, vice-presidente de recursos humanos; Roger Cassell, agente de compras; e Sarah Whitehead, recém-formada. Dois deles estavam desempregados por um longo período quando os conhecemos. Outro estava prestes a perder o emprego porque sua empresa fora comprada pelo concorrente. E o último estava concluindo os estudos e daria início à busca de seu primeiro emprego.

Todos eram pessoas ótimas com grande potencial. Cada uma tinha algo em seu histórico de trabalho ou passado profissional que poderia fazer com que o empregador os rejeitasse, caso os currículos não os representassem da forma mais positiva possível. Você pode ter alguns desses problemas.

ESTUDO DE CASO: PROFISSIONAL DE VENDAS

Situação

Jeff Oldham estava desempregado havia vinte meses quando a irmã sugeriu que procurasse ajuda em sua busca por emprego. Ela sabia que algo não estava sendo feito corretamente, do contrário, ele já teria encontrado uma vaga. Jeff trabalhou com vendas e gerenciamento de vendas para duas grandes empresas de equipamentos e tecnologia antes de ser demitido durante um processo de redução de pessoal. Quando o conhecemos, ele estava desencorajado e com problemas financeiros.

Logo no começo, vimos que ele tinha grande dificuldade em explicar o tipo de trabalho que gostaria de fazer. Mesmo tendo sido bem-sucedido em vendas e recebido prêmios em seu ramo de atuação, estava frustrado e nos contou que gostaria de trabalhar com algo diferente. Seu currículo tinha muitas páginas, estava confuso e não o direcionava claramente para nenhuma área profissional.

Questões e preocupações do currículo

1. Ele estava desempregado havia vinte meses.
2. Não conseguia explicar o que gostaria de fazer.
3. Até chegarmos a uma decisão sobre os cargos que deveríamos enfatizar, não podíamos concluir o currículo com base em competências. **Lembre-se de que um dos principais passos para escrever um currículo focado em competências é *sempre* pensar na necessidade do empregador primeiro.**

Ação

Após uma ou duas sessões de aconselhamento profissional, mostramos a necessidade de obter um emprego primeiro e focar em autorrealização depois. Como ele havia trabalhado com vendas e tinha um histórico de sucesso nesta área, a forma mais rápida para conseguir um novo emprego seria focar nas oportunidades desse setor. Dessa maneira, ele poderia usar suas habilidades para aprender novas técnicas rapidamente.

A recomendação foi redigir um currículo baseado em competências para enfatizar suas habilidades e realizações. Como estava desempregado havia bastante tempo, optamos por não utilizar o modelo cronológico, que ressaltaria esse fato logo nos primeiros tópicos das sessões "Experiência" e "Histórico profissional". Embora existam meios para mascarar a ausência de trabalho recente, como utilizar os termos "consultor" ou "freelancer", recomendamos os outros dois tipos de currículo baseados em competências, que podem lhe oferecer a oportunidade para apresentar suas habilidades e realizações *antes* do histórico profissional.

Ao trabalharmos com o currículo de Jeff pela primeira vez, pedimos a ele que identificasse as competências *certas* para o cargo de vendas em uma área técnica. Nós concordamos que um profissional de alto nível nesse caso é aquele que vende o maior número de produtos ou serviços, ou que "gera" as receitas mais altas. Em outras palavras, os melhores profissionais em vendas são os realizadores, isto é, os que atingem resultados.

Para desenvolver a lista de competências, fizemos uma pesquisa on-line na área de vendas técnicas. Num anúncio para profissionais de venda na empresa Storage Tek (discutido nas páginas 95-97), a lista de competências incluía:

1. Foco no cliente.
2. Habilidade interpessoal.
3. Conhecimento técnico.
4. Perseverança.
5. Visão de negócios.
6. Lidar com ambiguidade.
7. Apresentação.
8. Organização.
9. Negociação.

Após analisar a lista, Jeff percebeu que poderia desenvolver frases referentes às suas realizações relacionadas às seguintes conquistas e habilidades: "Orientação para resultados", "Foco no cliente", "Habilidade interpessoal" e "Organização". O item "Orientação para resultados" é normalmente considerado o mais importante para os gestores, e como ele atingira resultados concretos no passado, essa informação constituiu o primeiro item de sua lista de competências.

Conforme se familiariza com o currículo de Jeff, observe que incluímos a maioria das outras competências-chave para o cargo almejado na seção do resumo e na lista de realizações.

CURRÍCULO BASEADO EM COMPETÊNCIAS COMBINAÇÃO DE MODELOS

JEFFREY K. OLDHAM
5011 Red Bridge Drive
Houston, TX 77087
(281) 858-0130
Jkoldham2@swbell.net

RESUMO

Gerente de vendas distrital com formação em desenvolvimento de negócios, solução de vendas e tecnologia. Experiência significativa em marketing de novos produtos: lançamento de produtos e estratégia de marketing, formação de alianças estratégicas, gerenciamento de projetos e consultoria de vendas. Habilidade em construção de relacionamento, canais de comunicação e vendas OEM (fabricante original de equipamento), negociação de contratos e fechamento de vendas. Desempenho consistente em geração de receita e obtenção de resultados; apresentou recorde de vendas e prestou excepcional atendimento ao cliente. Excelente apresentação e habilidades interpessoal, organizacional, oral e escrita.

JEFFREY K. OLDHAM   Página 2

HISTÓRICO PROFISSIONAL

Consultor   2002-2003

ECG CORPORATION   2000-2001

Diretor, Desenvolvimento de negócios, 2000-2001
Gerente de programação sênior, 2000

Resultados/Atendimento ao cliente

- Propôs a primeira estratégia de impressão de documentos para a empresa, expectativa de redução de custo de US$20 milhões por ano.
- Desenvolveu campanha de vendas/marketing e recebeu o prêmio nacional de qualidade baseado no critério Six Sigma.

Habilidade interpessoal/Conhecimento organizacional

- Trabalhou com os principais departamentos para definir as necessidades tecnológicas, o posicionamento no mercado, a estruturação de rede de contatos e as atividades de parceria.
- Desenvolveu estratégia de marketing para "vendas através" e "vendas com" entre a empresa e o principal fornecedor de tecnologia.

JEFFREY K. OLDHAM   Página 3

HISTÓRICO PROFISSIONAL (cont.)

LEXMARK INTERNATIONAL, INC.   1992-2000

Consultor sênior, Vendas para governo e área educacional, 2000
Assistente especial da diretoria, Vendas na área de saúde, 1999-2000

Resultados

- Selecionado para o *Winner's Circle* por estar entre os 2% mais bem-sucedidos profissionais de vendas dos Estados Unidos.
- Nomeado *Account Executive of the Year* (Executivo de contas do ano) por três anos, e *Account Executive of the Quarter* (Executivo de contas do trimestre) 14 vezes.
- Vendeu 1 milhão de impressoras jato de tinta personalizadas depois de identificar uma oportunidade de parceria com a Micron.

Impacto e influência

- Gerenciou acordo comercial com importante cliente, envolvendo diferentes regiões dos Estados Unidos, para maximizar o aumento de receita com planos de saúde. Superou a meta de receita em US$6 milhões em cinco meses.

JEFFREY K. OLDHAM

HISTÓRICO PROFISSIONAL (cont.)

LEXMARK INTERNATIONAL, INC.

Gerente de vendas distrital, 1997-1999
Gerente de programação sênior, Aliança estratégica, 1996
Executivo de contas sênior, 1994-1996
Engenheiro de sistema contábil/Executivo de contas nacional, 1992-1993

Resultados

- Alcançou as receitas mais altas entre os gerentes iniciantes. Esteve entre os 10% dos gerentes de venda com maior índice de satisfação dos funcionários em 1998.
- Gerenciou a equipe responsável por acordo em nível nacional, totalizando US$12 milhões em compras pelo Columbia/HCA.
- Conquistou o prêmio Sales Director Award por estar no topo do ranking de vendedores nos Estados Unidos na área de saúde por dois anos consecutivos.
- Treinou equipe de vendas e de suporte técnico para desenvolver estratégias mais inovadoras, aumentando as vendas em 20% ao ano por território.
- Aumentou a receita na área de planos de saúde em US$2,6 milhões por ano.

JEFFREY K. OLDHAM   Página 5

HISTÓRICO PROFISSIONAL (cont.)

LEXMARK INTERNATIONAL, INC.

Impacto e influência/Interpessoal

- Trabalhou com equipe de 12 funcionários no desenvolvimento do Business Advisor, uma ferramenta de consultoria para vendedores dos Estados Unidos. O projeto superou as expetativas de funcionalidade e se manteve abaixo do orçamento.
- Orientou 11 novos funcionários da equipe de vendas, desenvolvendo, implementando e controlando resultados de marketing e estratégias de venda para o grupo.
- Atuou como principal membro da equipe de desenvolvimento da campanha de marketing e apresentações para introduzir o conceito *custo total de impressão* aos clientes.

Atendimento ao cliente/Conhecimento organizacional

- Coordenou equipe, introduzindo o primeiro serviço global 24 horas por dia, 7 dias por semana, para fornecimento de partes e serviço para a NCR.
- Gerenciou o projeto CRM para a empresa *Global Strategic Sourcing*, com aumento da satisfação do cliente de 67% para 95%.

JEFFREY K. OLDHAM   Página 6

HISTÓRICO PROFISSIONAL (cont.)

LEXMARK INTERNATIONAL, INC.

- Convenceu os gerentes clínicos e de TI na aquisição de plataforma atualizada apesar da concorrência. Gerenciou o lançamento no County Hospital District.
- Reconhecido por gerenciar com sucesso 11 funcionários da área técnica, administrativa e de vendas, responsáveis pela venda de equipamentos de impressão e serviços na área de plano de saúde para clientes em 23 estados.

IBM CORPORATION   1987-1992

Engenheiro de sistemas contábeis, 1990-1992
Especialista em impressão e editoração eletrônica, 1988-1990
Representante comercial de contas, Divisão de distribuição nacional, 1987-1988

- Selecionado para o IBM 100% Club.
- Ampliou o mercado para as impressoras IBM de 9% para 20% em dois anos.

FORMAÇÃO ACADÊMICA

Bacharelado em Administração e marketing, Magna Cum Laude.
Universidade de Houston, Houston, Texas.

Resultado

Além desse, que é uma combinação de modelos, os demais currículos de Jeff encontram-se no Capítulo 6, páginas 119-134. Inicialmente, ele trabalhou com o modelo funcional e com o direto e utilizou a internet para pesquisar oportunidades de trabalho. Embora ciente de que a rede de contatos é a melhor ferramenta para encontrar emprego, Jeff considerou que, após 20 meses sem resultados, já contatara a maioria das pessoas mais próximas. Sugerimos novas formas para ele utilizar sua rede de contatos, adotando o modelo com base em competências, ele preferiu, no entanto, utilizar sites de recrutamento para dar início à sua procura por trabalho com novos currículos.

Dois dias após disponibilizar o currículo em alguns sites, Jeff recebeu diversos telefonemas. Em uma semana ele já estava agendando entrevistas. Em três semanas, duas empresas de tecnologia o procuraram a respeito de cargos como representante de vendas, e uma empresa de comunicação o convidou para trabalhar em um cargo de gerência no setor de vendas. Ou seja, em três semanas ele conseguiu três boas oportunidades.

Duas semanas depois, ele tinha duas ofertas de emprego e uma difícil decisão a tomar.

ESTUDO DE CASO: VICE-PRESIDENTE DE RECURSOS HUMANOS

Situação

Mary Ann Stevens trabalhou como vice-presidente de recursos humanos para uma filial de uma das maiores empresas dos Estados Unidos, que recentemente anunciou ter sido vendida para a concorrência. Ela permaneceria durante a transição, mas era improvável que a nova empresa a mantivesse no cargo. Ela trabalhara naquela filial por nove anos e, antes disso, na sede da empresa por 12. Desde que deixou de ministrar aulas para trabalhar com recursos humanos, estivera na mesma empresa, sendo promovida, progressivamente, para cargos de maior responsabilidade. Era uma excelente profissional, reconhecida por seu bom desempenho.

Além de saber que não se manteria no cargo, por já ter outro profissional no mesmo nível no novo setor, Mary Ann percebeu que não se ajustava à cultura (ou estilo) da nova empresa e, mesmo que lhe oferecessem um emprego, ela precisava descobrir se existiam outras opções. A melhor coisa a fazer era se preparar para sua próxima oportunidade.

Questões e preocupações do currículo

1. Sua vida profissional abarcava uma única empresa.
2. Sua corporação aparecera nos jornais por delitos financeiros, com a Tyco, Martha Stewart e Enron.
3. Ela tinha mais de 40 anos e acreditava que sua idade poderia ser um empecilho para conseguir um novo emprego.

4. Ela fora vice-presidente por nove anos e acreditava que os futuros empregadores não a considerariam para preencher um cargo de igual responsabilidade e salário, mas com um título menos expressivo como diretora ou gerente.
5. Como apenas começara a avaliar suas opções, não identificara um cargo específico de interesse ou uma empresa em que gostaria de trabalhar. Logo, identificar as competências corretas a serem enfatizadas em seu currículo seria uma tarefa desafiadora.

Ação

Recomendamos a redação de dois currículos, um funcional e um direto.

Estava claro que o tradicional currículo cronológico não funcionaria bem, porque enfatizaria mais seu histórico de trabalho do que suas realizações. Até pensamos em desenvolver um modelo cronológico que fosse baseado em competências, mas, ainda que elas fossem incluídas, o currículo apresentaria as mesmas desvantagens de um modelo cronológico tradicional.

Apesar de ser bem-sucedida em sua carreira, o grande período de tempo na mesma firma poderia ser um problema caso o gerente de contratação duvidasse de sua capacidade de se adaptar a uma nova empresa e de deixar para trás a forma como conduzia o antigo trabalho. **Ela deveria estar preparada para demonstrar flexibilidade e capacidade de adaptação durante futuras entrevistas, para convencer os empregadores de que faria uma boa transição.**

Além disso, ambos os tipos de currículo cronológico não funcionariam bem, dada a reputação questionável da empresa, que teria maior destaque logo no começo. Seu cargo também apareceria na parte inicial, reduzindo a ênfase em suas realizações.

(Observação: Em alguns casos, os candidatos decidem usar um título mais amplamente reconhecido para seus cargos, em vez de reproduzir o título usado na empresa de origem, ou seja, se o vice-presidente de uma empresa pequena estiver no mesmo nível de atuação que o diretor ou gerente de uma empresa maior, muitas pessoas optam por não incluir o título oficial em seus currículos, caso possa ser uma desvantagem. O importante é pensar na necessidade da empresa em primeiro lugar.)

Ao usar o modelo funcional de currículo ou o modelo direto, o histórico de trabalho de Mary Ann, incluindo o empregador anterior, seu título e o tempo de permanência, não teria tanta ênfase quanto suas competências e realizações.

Lembre-se de que enfatizar as competências que o empregador procura amplia suas chances de conseguir uma entrevista. Nesse caso, como ela acabara de começar, ainda não tinha uma lista específica de competências exigidas pelo empregador em que se basear ao redigir a lista de realizações e o resumo do currículo.

Nós olhamos a lista de competências presente no Capítulo 3, fizemos uma busca on-line e identificamos as competências exigidas para as vagas na área de recursos humanos. Conversamos também sobre as características de um profissional sênior na área e o que é necessário para obter sucesso nesse tipo de emprego. Após algum tempo de análise, pedimos a ela que selecionasse as 10 competências que considerava prioritárias. O próximo passo foi escolher 5 ou 6 competências que eram seus pontos fortes e enfatizá-las em seus currículos.

A seguir, estão as competências escolhidas; no topo da lista, as mais relevantes para a empresa e, logo abaixo, as que Mary Ann acredita serem seus pontos fortes.

- Conhecimento organizacional
- Orientação estratégica
- Impacto e influência
- Desempenho e resultados gerenciais
- Iniciativa
- Pensamento analítico

Analisamos cada competência e desenvolvemos listas de realizações para demonstrar o conhecimento de Mary Ann em cada área. Fizemos uma análise comportamental para ajudá-la a pensar sobre suas realizações, utilizando perguntas como: "Cite exemplos em que você demonstrou iniciativa e essa atitude gerou benefícios para a empresa em que trabalhava."

Quando concluímos sua lista de exemplos, passamos a transformá-la em uma sofisticada lista de realizações que comprovavam sua experiência nas competências requeridas. Fazer isso também nos ajudou a definir como seu resumo deveria ser escrito, de modo a enfatizar competências que a empresa buscava.

Resultado

Após repassar todas as etapas recomendadas para desenvolver um eficiente currículo baseado em competências, escrevemos e revisamos o currículo funcional de Mary Ann (página seguinte). Para um recrutador procurando um gerente de recursos humanos sênior, o novo currículo deixava claro que Mary Ann possuía todas as competências exigidas.

CURRÍCULO FUNCIONAL BASEADO EM COMPETÊNCIAS

Mary Ann Stevens

1723 Prairie Groove (214) 870-1148
Dallas, Texas 78077 mastevens@hotmail.com

RESUMO

Gerente de recursos humanos com experiência na assessoria de gerente sênior em estratégias e programas proativos na área de recursos humanos. Experiência comprovada no desenvolvimento de parcerias, em possibilitar iniciativas de desempenho e no treinamento de gerentes e funcionários para serem bem-sucedidos com integridade. Possui o título *Certified Compensation Profissional* (Profissional Certificado em Compensação) (CCP). Reconhecida por alcançar resultados consistentes e possuir pontos fortes em:

- Percepção organizacional
- Orientação estratégica
- Impacto e influência
- Gestão de resultados de desempenho
- Demonstração de iniciativa
- Pensamento analítico

MARY ANN STEVENS   Página 2

REALIZAÇÕES

Gerenciamento de recursos humanos

- Teve a iniciativa de supervisionar e aconselhar sete gerentes de recursos humanos alocados na Venezuela, na Argentina, no Reino Unido, na França, na Jamaica e em Porto Rico, trabalhando com quatro mil funcionários. Garantiu o alinhamento com as estratégias e práticas da empresa na área de recursos humanos.
- Desenvolveu uma cultura corporativa eficiente após a aquisição de companhia de transporte com 500 funcionários ao identificar boas práticas em ambas as empresas.
- Gerenciou, em 2000, a equipe de seleção e supervisão na implementação do sistema Ceridian, integrado à folha de pagamento e ao setor de recursos humanos; reduziu o ciclo da folha de pagamento em cinco dias ao mês.
- Atuou como principal membro da equipe de gerenciamento, optando por enfatizar o novo nome do subsidiário em vez do nome da empresa-mãe; gerenciou equipe no desenvolvimento e implementação de uma nova marca em um período de 90 dias.
- Representou as áreas de recursos humanos e relacionamento com investidores durante processo de reestruturação; trabalhou com advogados fora da

MARY ANN STEVENS   Página 3

REALIZAÇÕES (cont.)

empresa para garantir o cumprimento dos requisitos do processo de falência e tratou corretamente da comunicação com funcionários e outros interessados.

Treinamento e desenvolvimento

- Criou planos individuais de desenvolvimento para sete supervisores e 18 funcionários do departamento de recursos humanos; debateu os planos com cada funcionário e ofereceu orientação ao longo de um ano.
- Melhorou o desempenho de 1.200 funcionários da empresa ao aprimorar a atuação de cinco colaboradores em processos de gerência e desenvolvimento de processos para atender às necessidades de diferentes grupos de funcionários.
- Treinou gerentes e funcionários, inclusive ex-oficiais militares, após se tornar vice-presidente de operações: reconhecida pelo presidente da divisão após desenvolver estilo participativo de gerenciamento, habilidades colaborativas e sensibilidade organizacional.

Compensações e benefícios

- Projetou e desenvolveu fluxo de caixa e incentivo de equidade, em 2003, para 75 executivos, gerentes e funcionários-chave; forneceu compensação mais competitiva e garantiu o cumprimento de requisitos-padrão em contabilidade e eventuais mudanças no programa.

MARY ANN STEVENS													Página 4

REALIZAÇÕES (cont.)

- Trabalhou com um advogado com o objetivo de projetar o plano de aposentadoria 401(k) vinculado ao lucro da empresa, fornecendo benefícios mais competitivos e melhorando a capacidade de contratar/manter funcionários.
- Gerenciou equipe de racionalização de processos para avaliação anual de compensação: poupou quatro dias de trabalho dos funcionários após eliminar a necessidade de aprovação do gerente de departamento.

Atuação profissional

- Gerenciou reorganização de operações de campo em 2002, congregando quatro regiões em três, e diminuiu o número de funcionários em 10% por meio de destituição e aposentadoria precoce; a reorganização foi concluída em 30 dias.
- Assessorou equipe de gerência durante aquisição de divisão com 500 funcionários de uma das maiores empresas dos Estados Unidos, reduzindo o quadro conjunto de funcionários em 50%.
- Desenvolveu a primeira divisão específica do programa universitário de recrutamento, treinou recrutas e gerenciou a contratação de 25 engenheiros, contadores e profissionais financeiros no primeiro ano.

MARY ANN STEVENS   Página 5

HISTÓRICO PROFISSIONAL

CMG ENERGY, Dallas, TX   **1993-2004**

Vice-presidente, Recursos humanos e administração

CENTER STAR FUELS COMPANY, Houston, TX e Omaha, NB   **1980-1992**

Vice-presidente, Recursos humanos e administração, 1987-1992
Diretora de recursos humanos e segurança, 1986-1987
Gerente, Recursos humanos, 1982-1983
Administradora de recursos humanos, 1982-1983
Especialista em compensação e benefícios, 1980-1982

FORMAÇÃO ACADÊMICA

Mestrado em Administração
Universidade de Nebraska, Lincoln, NB
Bacharelado em Inglês
Ênfase em Mídia educacional
Universidade do Kansas, Lawrence, KS

ESTUDO DE CASO: AGENTE DE COMPRAS

Situação

Roger Cassell perdera seu último cargo como agente de compras em uma firma de finanças em 2003. Embora tivesse encontrado um trabalho temporário de dois meses em uma empresa, ainda não conseguira um emprego regular em sua área profissional quando um amigo sugeriu que entrasse em contato conosco.

Roger, assim como Jeff Oldham, estava frustrado e preocupado com o futuro. Diferente de outros estudos de caso que incluímos no capítulo, Roger nos disse que era um artista, mas optara por trabalhar na área de compras para gerar a renda necessária para continuar desenvolvendo seu trabalho artístico. Na sua área principal, ou seja, arte, ele estava indo bem: seu trabalho era apresentado em várias exposições locais e pela região nordeste dos Estados Unidos. Como essa parte de sua vida ia bem, ele não estava muito abalado por não ter conseguido um novo emprego.

Financeiramente, não ganhava o suficiente para cobrir as despesas, e o tempo dedicado à arte o impedia de encontrar um novo emprego. Ele precisava de um trabalho com urgência.

Questões e preocupações do currículo

1. Ele estava desempregado havia 12 meses.
2. Não sabia se deveria incluir informações sobre sua carreira artística no currículo.

3. Ele se convencera de que precisava redigir um currículo de apenas uma página.
4. Não estava conseguindo agendar muitas entrevistas.
5. As empresas usam títulos diferentes para descrever o que Roger fazia, como agente de compras, comprador e fornecedor de suprimentos em cadeia.

Ação

Ao conversar com Roger, explicamos que o currículo era o seu maior problema. Se você não consegue muitas entrevistas, seu currículo provavelmente não está "vendendo" suas informações de forma eficaz.

Ao analisarmos o currículo, entendemos por que ele não funcionava: não apresentava qualquer detalhe sobre as realizações de Roger e o leitor não podia identificar as competências dele.

Muito embora os consultores de carreira acreditem que o currículo deve ter apenas uma página, achamos que é muito limitado para pessoas com grande experiência, **pois não oferece espaço suficiente para demonstrar as competências que o empregador procura.** Nós convencemos Roger a desenvolver um currículo de duas páginas (formato-padrão para a maior parte dos profissionais ou gerentes com no mínimo 10 anos de experiência).

Iniciamos o processo pesquisando as competências exigidas para agentes de compra e compradores em anúncios de sites de recrutamento. Verificamos também a lista do Capítulo 3 para identificar as competências mais usadas. Após a análise, Roger identificou as seis competências que julgava mais relevantes para os entrevistadores. Em seguida, identificou quais competências presentes na lista constituíam seus pontos fortes. Ele decidiu focar em:

- Orientação para resultados.
- Ter iniciativa.
- Identificar soluções para os problemas.
- Proporcionar orientação ao cliente.

Ao tratarmos da lista de realizações, pedimos que ele lesse o rascunho do Capítulo 5. Trabalhamos em conjunto para desenvolver três assertivas que ilustrassem as suas realizações. Durante este processo, ele demonstrou forte habilidade de escrita, então o encorajamos a fazer o primeiro rascunho das demais realizações. O foco era demonstrar os pontos fortes em cada área de competência.

Depois de analisar alguns anúncios, também decidiu utilizar o título "agente de compras" em seu currículo.

A redação de um currículo baseado em competências o ajudou a enfatizar suas habilidades e realizações. Como ele estivera desempregado por um longo tempo, optamos por evitar o modelo cronológico. Então, recomendamos os outros dois principais modelos de currículo baseado em competências: o direto e o funcional.

Resultado

Nós estávamos trabalhando com este cliente quando terminamos o primeiro esboço deste livro. O currículo original foi incluído na página 191, e a versão final do currículo funcional baseado em competências, na página 194. O modelo funcional está intimamente ligado ao direto: para mudar de um para outro, basta substituir os termos "Redução de custo" por "Orientação para resultados", e o termo "Negociações" por "Influenciar pessoas, habilidades interpessoal e de negociação".

Ao conversarmos com Roger, sabíamos que precisaríamos encorajá-lo a aumentar sua rede de contatos. No entanto, antes mesmo desta conversa, ele já começara a ver os resultados de seu novo currículo. Uma semana após a apresentação da nova versão, ele já agendara duas entrevistas.

CURRÍCULO ORIGINAL

Roger T. Cassell

3051 Mayapple Rd., Stamford, CT 06903
(203) 529-0198
rtcassell@aol.com

OBJETIVO

Desenvolver uma carreira em compra e aquisição que ofereça desafios, retorno e oportunidades profissionais de desenvolvimento e crescimento. Meus pontos fortes incluem capacidade de gerenciar e resolver problemas, negociar contratos e propostas e de pesquisar e organizar projetos especiais com inovação e adaptabilidade.

EXPERIÊNCIA PROFISSIONAL

09/02-2/03   **IBM, Nova York, NY**
Coordenador de aquisições
Responsável pelas aquisições e ordens de compras em SAP e Oracle para suprimentos de escritório, livros, assinaturas e bens de capital. Além disso, responsável pelo serviço de atendimento ao cliente e resolução de problemas.

ROGER T. CASSELL

EXPERIÊNCIA PROFISSIONAL (cont.)

1991-2002 MERRILL LYNCH, Nova York, NY
Líder do grupo de compras
Supervisionou e treinou a equipe como agente de compras e assistente. Negociou a compra de aparelhos de fax para empresa localizada em três estados. Implementou sistema de pedidos on-line para suprimentos gerais de escritório e de impressão. Desenvolveu o banco de dados para pedidos *Rolodex*.

1994-1997 MERRILL LYNCH, Nova York, NY
Agente de compras
Criação do primeiro sistema organizado de compras da Merrill Lynch. Desenvolveu o processo de licitação para compras contratadas.
Consolidou sistema de pedido para suprimentos de escritório e introduziu o modelo de entrega no local de trabalho. Organizou os representantes de compra do departamento.

ROGER T. CASSELL   Página 3

EXPERIÊNCIA PROFISSIONAL *(cont.)*

1992-1994   Balconista
Criou cargos de balconista como trabalhos de meio período e para períodos de férias. Implementou o recebimento eletrônico de encomendas e sistema de rastreamento. Implementou o sistema de compras pelo computador. Desenvolveu o primeiro escritório formal de oferta de produtos.

FORMAÇÃO ACADÊMICA

Bacharelado em Administração, Universidade Estadual de Nova York, Albany, NY, 1994

FORMAÇÃO PROFISSIONAL

- Seminário *Dun & Bradstreet*, "Purchasing: A Process" (Compras: um processo).
- Seminário *Padgett & Thompson*, "Bargaining With Vendors and Suppliers" (Barganhando com fornecedores e fabricantes).
- Seminário *Keye Productivity Center*, "How To Be A Better Buyer" (Como ser um comprador melhor).

ROGER T. CASSELL

AFILIAÇÃO PROFISSIONAL

Desde 1995 é membro do *Institute for Supply Management* (Instituto para gerenciamento de fornecimento), antigo NAPM.

CURRÍCULO FUNCIONAL BASEADO EM COMPETÊNCIAS

ROGER T. CASSELL

3051 Mayapple Rd.
Stamford, CT 06903
(203) 529-0198 — rtcassell@aol.com

RESUMO

Agente de compras com experiência em aquisição de equipamentos, material para escritório e serviços de impressão para fábricas e empresas financeiras. Reconhecido pela capacidade de gerar redução de custos, representar o interesse de empresas em negociações e identificar fornecedores de baixo custo com serviço de alta qualidade. Histórico comprovado de:

- Atingir resultados.
- Demonstrar iniciativa.
- Identificar soluções para problemas.
- Fornecer bom serviço ao cliente.

REALIZAÇÕES

Redução de custos

- Instituiu o processo de leilão para suprimentos e serviços. Reduziu o custo da empresa de suprimentos de escritório em 15% ao ano e de equipamento telefônico em 5%.

ROGER T. CASSELL

REALIZAÇÕES (cont.)

- Reduziu os gastos da empresa em US$1 mil ao mês ao negociar a compra de 150 máquinas de fax para 2.500 funcionários. Eliminou problemas de faturamento ao incluir, em contrato, exigências específicas de faturamento.
- Cortou despesas inúteis ao identificar melhores fornecedores de cartuchos de impressora. Economizou 12% por unidade ao criar o primeiro leilão para fornecimento de cartuchos.
- Reconhecido por negociar contratos com empresas de impressoras e reduzir o custo dos cartões de visita de US$15 para US$10 por funcionário, para 2 mil funcionários.
- Aperfeiçoou o controle de orçamentos e dinamizou os procedimentos de encomenda ao desenvolver um programa para requisitar autorização do gerente. Exigiu que os departamentos utilizassem representantes designados pelos clientes.

Atendimento ao cliente

- Melhorou o atendimento ao cliente ao entregar os materiais nas mesas dos representantes de departamento. Reduziu perdas e entregas equivocadas de pedidos.
- Instituiu reuniões semanais com o representante comercial do fabricante para melhorar a comunicação sobre questões com clientes.

ROGER T. CASSELL   Página 3

REALIZAÇÕES *(cont.)*

- Trabalhou com o fabricante de materiais para iniciar os programas trimestrais "Almoce e aprenda" para 100 representantes de compras. Acelerou a resolução de problemas de clientes e reduziu o número de devoluções por meio de conversas com o representante comercial do fornecedor.
- Reconhecido pelo chefe do departamento de marketing por fornecer excelente atendimento ao cliente após negociar quatro entregas imediatas gratuitas e aprimorar o contrato do serviço.

Negociações

- Melhorou o preço e o serviço do fornecedor após convencer os supervisores a começar um processo de leilão para materiais e serviços.
- Reduziu custo e tempo administrativo ao negociar contrato multianual com a Boise Cascade.
- Minimizou o gasto de tempo durante a substituição do fornecedor de aparelho de fax ao organizar o cronograma de distribuição e responder às expectativas do cliente.
- Assessorou a realização de reuniões entre 10 pessoas no setor de impressão e nos departamentos legal, de marketing e de comunicação corporativa para adotar medidas a respeito dos cartões de visita e de artigos de papelaria durante a mudança de nome da marca.

ROGER T. CASSELL   Página 4

HISTÓRICO PROFISSIONAL

Consultor R.T. Cassell, Stamford, CT
2004

IBM, Nova York, NY
2002-2003
Coordenador de compras

MERRILL LYNCH MANAGEMENT GROUP, Nova York, NY
1994-2002
Líder da equipe de compras, 1997-2002
Agente de compras, 1994-1997

FORMAÇÃO ACADÊMICA

Bacharelado em Administração, Universidade Estadual de Nova York, Albany, NY

ESTUDO DE CASO: RECÉM-FORMADA

Situação

Sarah Whitehead formara-se recentemente em finanças. Embora tenha estagiado nos recessos de verão, não teve muitas experiências de trabalho durante a faculdade. Além disso, ela não buscou ajuda do Escritório para Encaminhamento Profissional da faculdade para conseguir entrevistas durante seu último ano, pois esperava receber uma oferta de emprego da empresa na qual estagiara durante o verão anterior. Sarah ficou muito desapontada quando isso não aconteceu.

Além do mais, ela tinha dificuldades em explicitar o que gostaria de fazer. Ao perguntarmos o porquê de se graduar em finanças, sua reposta foi "porque odiava contabilidade".

Ela também demonstrou estar preocupada com seu CR, temendo que o valor baixo pudesse dificultar suas chances de conseguir os melhores trabalhos. Sarah fora socialmente ativa durante a faculdade e suas notas sofreram por isso. Ela se mostrou brilhante e mais capaz do que sua média indicava.

Questões e preocupações do currículo

1. Ela tinha pouca experiência.
2. Sua média não a ajudaria a conseguir entrevistas.
3. Ela não estava certa do que queria fazer.

Ação

O primeiro passo foi ajudá-la a descobrir o que ela gostaria de fazer. Recomendamos alguns testes de carreira e perguntamos do que ela gostava na área de finanças (e *não* do que ela não gostava em contabilidade). Mostrar a Sarah que é esperado que a maioria das pessoas faça mudanças profissionais diversas vezes durante a carreira parece tê-la ajudado. Ela me disse que era bastante intimidador pensar que teria que viver com sua decisão pelo resto da vida.

Ela decidiu focar em finanças e buscar um emprego corporativo. Nós pesquisamos on-line sobre as competências exigidas na área. Sarah identificou que poderia demonstrar as seguintes competências por meio de suas realizações durante a faculdade e os estágios:

- Pensamento analítico.
- Orientação para resultados.
- Impacto e influência.
- Iniciativa.
- Buscar informações.

Depois de conversar com Sarah, descobrimos que ela obtivera bastante experiência em liderança durante seus quatro anos de faculdade. Fora eleita representante de sala durante o primeiro e o último anos, era assistente residente dos dormitórios e fora promovida a diretora do alojamento universitário em seu último ano, gerenciando uma equipe de sete assistentes residentes.

Ela certamente tinha algumas realizações.

Como a sua formação era mais significativa do que a experiência profissional, recomendamos que a seção "Formação acadêmica" aparecesse primeiramente no currículo, logo abaixo do resumo. Mais tarde, descobrimos que ela possuía uma boa média na graduação. Sempre liste a maior média que puder, mas considere deixá-la de fora quando estiver abaixo de 8,5. Arredonde os números para cima: um CR de 8,9 deve aparecer como 9,0. Neste caso, a nota de Sarah pode ser menos importante para empregadores por causa da boa reputação da faculdade de administração Wharton, na Universidade da Pensilvânia.

Resultados

O currículo cronológico baseado em competências está na página 211 e o direto, na página 214. Ela entende que precisará adaptar o currículo, pois o foco deve estar nas competências que a empresa considera relevantes.

Ela se tornou uma ativa promotora de sua rede de contatos, com base em competências, e começou a ser entrevistada para diversos cargos quando este livro estava sendo apresentado ao editor.

Ela é uma boa candidata e ganhou confiança porque conhecia suas próprias competências.

O uso do currículo baseado em competências funcionará bem para uma recém-graduada que deseja trabalhar para uma empresa que utiliza o sistema com base em competências. Sarah, que pretendia trabalhar com finanças para uma empresa grande que possa oferecer um bom programa de treinamento, poderá se beneficiar em possuir um currículo focado em competências. Lembre-se de que aproximadamente 50% das maiores empresas dos Estados Unidos usam softwares com base em competências para ajudar a gerenciar suas atividades de recursos humanos, inclusive a de filtrar candidatos para as entrevistas.

CURRÍCULO CRONOLÓGICO BASEADO EM COMPETÊNCIAS

SARAH WHITEHEAD

---

334 Old Mystic St.   (781) 555-0135
Medford, MA 02155   sarahtw@yahoo.com

PERFIL

Analista financeira com experiência como estagiária em corporações de comida e tabaco e em auditoria de escritórios de corretagem de varejo. Bacharelado em Economia, com ênfase em finanças e contabilidade pela faculdade Wharton, da Universidade da Pensilvânia, 2004. Reconhecida pela capacidade de pensar de forma analítica, superar metas, persuadir, influenciar e desenvolver relações de trabalho eficazes com gestores, colegas de trabalho e funcionários. Fluente em espanhol, com habilidade básica de conversação em francês e italiano.

FORMAÇÃO ACADÊMICA

Bacharelado em Economia, junho 2004
Faculdade Wharton, Universidade da Pensilvânia, Filadélfia, PA
Ênfase em finanças e contabilidade   Média 9,0

EXPERIÊNCIA

PAINE WEBBER, Weehawken, NJ　　　Verão 2003

Estagiária de pesquisa em ações

- Selecionada entre as 10 melhores estagiárias de verão no escritório da Paine Webber New Jersey.
- Analista de ações de tabaco para desenvolver modelo quantitativo e prever o desempenho de estoque sob impacto do tempo.
- Conduziu pesquisa e analisou resultados em três estoques de comida, preparou apresentação no Power Point e apresentou resultados para cinco gerentes e vice-presidente da divisão.

MERRIL LYNCH, Austin, TX　　　Verão 2002

Estagiária — Grupos de cliente privados

- Analisou 20 portfólios de clientes e preparou recomendações de investimento.

SARAH WHITEHEAD   Página 3

EXPERIÊNCIA (cont.)

CHARLES SCHAWAB, Austin, TX   Verão 2001

Estagiária de auditoria — Análise de marca

- Assessorou o analista de controles sênior a conduzir avaliações de risco para vendas no varejo e o programa de marketing para 10 filiais sediadas no Texas.

Outras informações

- Eleita presidente da turma no último ano e vice-presidente da turma de calouros.
- Levantou US$50 mil para a American Heart Association (Associação Americana do Coração) como diretora da maratona de dança, em 2003.
- Promovida a uma das 12 diretoras residentes do edifício universitário, depois de um ano como assistente residente. Gerenciou sete residentes e cinco graduandas como monitora noturna.
- Ganhou auxílio de 30% nos custos da faculdade por meio de trabalhos, estudos e estágios.

CURRÍCULO DIRETO BASEADO EM COMPETÊNCIAS

SARAH WHITEHEAD

334 Old Mystic St.   (781) 555-0135
Medford, MA 02155   sarahtw@yahoo.com

PERFIL

Analista financeira com experiência como estagiária em corporações de comida e tabaco e em auditoria de escritórios de corretagem de varejo. Bacharelado em Economia, com ênfase em finanças e contabilidade pela faculdade Wharton, da Universidade da Pensilvânia, em 2004. Reconhecida pela capacidade de pensar de forma analítica, superar metas, persuadir, influenciar e desenvolver relações de trabalho eficazes com outros profissionais. Fluente em espanhol, com habilidade básica de conversação em francês e italiano.

FORMAÇÃO ACADÊMICA

Bacharelado em Economia, junho 2004
Faculdade Wharton, Universidade da Pensilvânia, Filadélfia, PA
Ênfase em finanças e contabilidade   Média 9,0

SARAH WHITEHEAD   Página 2

REALIZAÇÕES

Pensamento analítico

- Assessorou o analista da Paine Webber a avaliar o estoque de tabaco e desenvolver modelo quantitativo para prever desempenho sob o impacto das variações econômicas.
- Conduziu pesquisa e analisou resultados em três estoques de comida; preparou apresentação de PowerPoint e apresentou resultados para cinco gerentes seniores e para o vice-presidente.
- Analisou 20 portfólios de clientes e preparou recomendações de investimento.
- Completou análise de 30 páginas com as vantagens/ desvantagens dos modelos financeiros quantitativos usados na eleição das 500 maiores empresas dos Estados Unidos para sua tese, recebendo nota máxima.
- Assessorou o analista sênior de controle a conduzir avaliações de risco nas vendas de varejo e do programa de marketing para 10 filiais localizadas no Texas.

Obtenção de resultados

- Arrecadou US$50 mil para a American Heart Association (Associação Americana do Coração) como diretora da maratona de dança, em 2003.

SARAH WHITEHEAD

REALIZAÇÕES *(cont.)*

- Promovida a uma das 12 diretoras residentes do edifício universitário após um ano como assistente residente. Gerenciou 7 residentes assistentes e monitorou 5 graduandos do período da noite.
- Ganhou redução de 30% dos custos da faculdade por trabalhar e estudar, estagiando em escritórios e realizando estágios durante o verão.

Influência sobre outros

- Em 2003 foi eleita presidente da turma e, em 2002, vice-presidente na Universidade da Pensilvânia.
- Convenceu membros da sala a apoiar o presidente da universidade após aumento da mensalidade em 15%.
- Persuadiu estudantes com problemas psicológicos a evitarem medidas drásticas e visitarem o psicólogo da faculdade, quando trabalhava como assistente residente no alojamento.

11. Leia outros currículos baseados em competências

Quando atores estudam para seus papéis, eles buscam se *transformar* em seus personagens. Ao interpretarem um papel que já foi de outro ator, procuram analisar a atuação, o timbre de voz e a comunicação não verbal adotados para dar vida ao papel. Fazem isso antes de dar luz própria ao personagem e se *tornarem* ele ou ela. Você pode aprender muito se prestar atenção em como as outras pessoas fazem as coisas, particularmente as pessoas que as fazem bem. Observe os currículos que colocamos neste capítulo, leia-os com atenção e analise sua aparência: qual modelo funcionará de forma mais eficaz para o empregador? Embora todos os bons currículos baseados em competências priorizem as necessidades do empregador, é parte dessa priorização escolher o modo como seu currículo será desenvolvido.

Neste capítulo oferecemos algumas opções. Os exemplos são de diferentes áreas profissionais e foram concebidos de maneira diferente do que você está acostumado. Nós recomendamos que você use seu pensamento analítico para perceber o que cada candidato está tentando comunicar ao empregador por meio do currículo.

Leia os resumos e os perfis primeiro. Você consegue perceber o que o candidato tenta enfatizar? Identificou frases que poderiam ser usadas em seu próprio currículo?

Parafraseando Confúcio na citação usada para abrir o Capítulo 10, a imitação é o caminho mais fácil para se tornar sábio. O comediante Fred Allen diz que "a imitação é a forma mais sincera de televisão".

Tanto Confúcio quanto Allen têm, obviamente, o dom da palavra, seja para nos fazer refletir sobre um determinado assunto ou simplesmente para nos fazer rir. Preste atenção nas palavras usadas nos currículos nesta seção. Nós ficaremos muito felizes se você usar estas frases, modelos ou exemplos de realizações. Não há problema algum em se inspirar nos exemplos contidos neste livro. Lembre-se de que será um bom funcionário e que alguém terá sorte em ter você na empresa.

É hora de estudar os currículos deste capítulo.

CURRÍCULO FUNCIONAL BASEADO EM COMPETÊNCIAS

William Lim

15415 Oak Hollow way
Atlanta, GA 33038

(770) 304-1233 willmartin2@email.msn.com

RESUMO

Gerente de fábrica com experiência em operações, engenharia, negócios internacionais e vendas. Experiência em fabricação de produtos. Reconhecido por aumentar lucros, produtividade, qualidade e estatísticas de segurança. Os pontos fortes incluem: obter resultados, tomar decisões pertinentes e formar equipes eficazes. Recebeu o prêmio *Six Sigma Green Belt*. Gerenciou a equipe no processo de certificação da planta, obtendo o ISO 9002. Fluente em espanhol.

REALIZAÇÕES

Operações/Engenharia/Manutenção

- Aumentou a produtividade em oito pontos e reduziu o refugo em 30% em um ano ao adotar ferramentas estatísticas, uso de sistemas de relatórios e processos de auditoria, mudar os métodos de inspeção e motivar

WILLIAM LIM — Página 2

REALIZAÇÕES (cont.)

- funcionários no desenvolvimento de prêmio de competição interna.
- Trabalhou com o engenheiro de projeto para fabricação de um novo produto, desde o projeto inicial; aumentou as vendas em US$2 milhões nos primeiros dois anos no mercado.

Negócios internacionais

- Implementou e desenvolveu projeto conjunto de fabricação e substituição de partes do motor na Espanha e na Polônia; direcionou as atividades de 70 funcionários.
- Reconhecido pelo gerente sênior por solucionar problemas desafiadores. Resolveu questões legais e relativas à qualidade, ao faturamento e às vendas em repartições na Noruega e Irlanda.

Gerente geral/Vendas

- Gerenciamento de vendas, operações, contabilidade e projeto para engenharia de produtos na fábrica de Memphis, TN, com resultado de US$3 milhões em vendas anuais.

WILLIAM LIM   Página 3

REALIZAÇÕES *(cont.)*

- Aumentou as vendas de tubos em 30%, introduziu três categorias de peças, reduziu preço e garantiu o horário de entrega ao implementar o estoque extra e diminuiu o custo de US$97 para US$76 por hora.

HISTÓRICO PROFISSIONAL

GBK PRODUCTS, Atlanta, GA, e Dayton, OH
1999-2004

Gerente de fábrica

PRIDE INTERNATIONAL, Atlanta, GA
1989-1999

Gerente de fábrica, 1997-1999
Diretor, Produção, 1992-1997
Engenheiro de fábrica, 1989-1992

FORMAÇÃO ACADÊMICA

Bacharelado em Engenharia mecânica, Instituto de Tecnologia da Georgia, Atlanta, GA

CURRÍCULO DIRETO BASEADO EM COMPETÊNCIAS

Larry M. Harding

6565 Princeton Avenue
São Francisco, CA 94109
(510) 555-3232
LarryMH@jps.net

RESUMO

Gerente financeiro com ampla formação em contabilidade, reconhecido por sua experiência em tributação federal. Contador público certificado. Capacidade comprovada para estabelecer e dirigir departamentos fiscais com eficiência. Progressivo aumento de responsabilidades em gerenciamento financeiro e auditoria fiscal. Experiência comprovada em economia nos cumprimentos dos requisitos fiscais e de planejamento. Demonstra pontos fortes em pesquisa, análise fiscal, alienação de bens corporativos e solução de problemas. Auditorias corporativas concluídas com sucesso. Experiência em leis internacionais de taxação e questões legislativas de conformidade.

LARRY M. HARDING   **Página 2**

REALIZAÇÕES

Pesquisa	Pesquisou informações para o Ohio-Pacific International, em 2002, visando dirimir disputa com Receita Federal sobre o código de taxação 199.1. Investigou isenção fiscal, fez recomendações para minimizar a carga tributária e preparou oito declarações fiscais subsidiárias.
Relatórios	Reconhecido por simplificar relatórios de impostos para a empresa, em 2001, e desenvolver o primeiro resumo executivo de relatórios fiscais.
	Revisou e arquivou 35 devolutivas federais, estaduais e internacionais para a empresa e suas filiais, dentro do prazo de 10 anos, a menos que fosse financeiramente vantajoso pedir prorrogação.
Resolução de problemas	Elaborou um sistema de retenção para fornecer informações acessíveis em futuras auditorias, em 2004, com expectativa de reduzir penalizações fiscais.

LARRY M. HARDING

REALIZAÇÕES *(cont.)*

Liderança	Liderou a iniciativa da indústria para fazer lobby para diferentes interpretações da legislação fiscal 1155.3 e permitir concorrência em mercados globais. Projetou, em 2003, um sistema de rastreamento fiscal e aprimorou a previsão de ganhos e a velocidade dos cálculos de imposto estimado.
Pensamento estratégico	Dirigiu a equipe de transição durante eliminação progressiva dos serviços fiscais, após aquisição em 2004. Trabalhou com o representante legal, durante a transição, para evitar que a empresa tivesse problemas fiscais, operando de acordo com a legislação.
	Direcionou auditoria fiscal interna para melhor avaliar o impacto da proposta de mudanças de incentivos públicos fiscais na carga fiscal da empresa.

LARRY M. HARDING   Página 4

REALIZAÇÕES *(cont.)*

Perspectiva internacional	Desenvolveu o primeiro sistema de contabilidade fiscal internacional durante a aquisição da companhia, em 1997, operando na França, Alemanha, Austrália e Brasil.
	Melhorou o relacionamento de trabalho com as subsidiárias europeias após pesquisar códigos fiscais do país, reunindo-se com cinco gerentes fiscais locais e permitindo ao grupo desenvolver recomendações sobre como lidar com relatórios fiscais no escritório.

HISTÓRICO PROFISSIONAL

OHIO-PACIFIC INTERNATIONAL
1993-2004

Gerente sênior, Serviços fiscais, São Francisco, CA, 2003-2004
Gerente de serviços fiscais, Cleveland, OH, 1998-2003
Assistente de gerente de serviços fiscais, Cleveland, OH, 1993-1998

LARRY M. HARDING

HISTÓRICO PROFISSIONAL *(cont.)*

**RECEITA INTERNACIONAL, São Francisco, CA
1983-1992**

*Gerente, Contabilidade financeira — Conformidade, 1987-1992
Analista sênior, Imposto de Renda Federal, 1986-1987
Gerente financeiro de contabilidade — Conformidade, 1985-1987
Coordenador do serviço interno de auditoria de receita, 1983-1985*

FORMAÇÃO ACADÊMICA

MBA em Contabilidade e finanças
Darden Graduate School of Business Administration
Universidade da Virginia, Charlottesville, VA

Bacharelado em Administração de empresas — Finanças e contabilidade
Universidade do Michigan, Ann Arbor, MI

CERTIFICAÇÕES

Certificado de contador público — Califórnia, Ohio e Nova York.

CURRÍCULO DIRETO FOCADO EM COMPETÊNCIAS

Ruth R. Litten

6787 Pike Street East
Chicago, IL 60206
(312) 555-4435
RuthRLTN2@yahoo.net

RESUMO

Engenheira civil com experiência em treinamento de gerentes de projeto de engenharia para área industrial, ambiental, comercial e residencial. Reconhecida pela capacidade de representar interesses da empresa ao negociar com escritórios de arquitetura/advocacia e oficiais do governo. Experiência em desenvolvimento de conceito, identificar necessidades, preparação e apresentação de propostas a clientes, design de projetos e gerenciamento de processos de construção. Conduziu estudos de impacto ambiental. Excelentes apresentação e habilidades interpessoal, de escrita e de comunicação. Fluente em espanhol.

COMPETÊNCIAS/REALIZAÇÕES

Resultados

- Desenvolveu o primeiro treinamento de inspeção de danos para a U.S. Federal Emergency Management Association (Associação Federal de Gestão de Emergência dos Estados Unidos), treinou 85 engenheiros civis e empreiteiros na redação e envio de relatórios para autorização de recursos para reconstrução de prédios residenciais. Formou 92% dos inscritos.
- Diminuiu o orçamento anual de transporte para a empresa em 32% ao identificar cinco fornecedores distintos e negociar contratos exclusivos.
- Coordenou oito empreiteiras elétricas e mecânicas e especificou/localizou a origem de materiais para completar um projeto de modificação de campo no valor de US$18 milhões. O resultado manteve-se abaixo do orçamento e dentro do prazo.

Impacto e influência

- Garantiu a continuidade crucial da construção e renovação de prédio para Ingles Mall, depois de convencer o gestor ambiental da cidade a renunciar restrições; poupou US$ 2 milhões em impostos legais após a negociação com Estado de Illinois para eliminar exigências de estudo de impacto ambiental em zonas úmidas.

RUTH R. LITTEN   Página 3

COMPETÊNCIAS/REALIZAÇÕES (*cont.*)

- Selecionada para responder as perguntas da mídia sobre os impactos dos projetos de engenharia de alto nível na cidade de Chicago e de residentes do Distrito de Cook. Escreveu resposta oficial para questões técnicas de indivíduos afetados.
- Desenvolveu e entregou 20 apresentações de engenharia para organizações e agências comunitárias da cidade, do estado, do município e da federação em 2003.

Conhecimento técnico

- Reduziu acidentes de trabalho em 84% em três meses após projetar e desenvolver treinamento de segurança para 20 engenheiros de projetos ambientais; treinou equipe em questões de segurança sobre corrosivos, componentes tóxicos e gás nitrogênio comprimido.
- Treinou cinco novos engenheiros por ano em engenharia de drenagem e engenharia de várzea. Desenvolveu programa de computador para realizar análise de drenagem.
- Escreveu planos, especificações e estimativa de custos e realizou estudos de engenharia ao longo de seis meses para projeto de US$3,5 milhões em remoção de resíduos perigosos em Southern Illinois; recebeu

RUTH R. LITTEN   Página 4

COMPETÊNCIAS/REALIZAÇÕES (cont.)

bônus por completar o projeto em cinco meses, antes do cronograma e abaixo do orçamento.

HISTÓRICO PROFISSIONAL

PINNACLE AND POINT ENGINEERING CONSULTANTS, INC., Chicago, IL   1998—presente

Engenheira consultora sênior — Especialista ambiental, 2000-presente
Diretora, Treinamento e desenvolvimento em engenharia civil, 1998-2000

U.S. ENVIRONMENTAL PROTECTION AGENCY, Western Region, Dallas, TX   1995-1998

Engenheira civil/Treinadora e consultora de gestão ambiental

FORMAÇÃO ACADÊMICA

Bacharelado em Engenharia civil, Universidade de Kentucky, Louisville, KY
Bacharelado em Gestão ambiental, Instituto de Tecnologia de Illinois, Chicago, IL

RUTH R. LITTEN   Página 5

CREDENCIAIS

Engenheira civil do Estado de Kentucky N⁰ 5566432
Engenheira civil do Estado de Illinois N⁰ 2234512

AFILIAÇÕES

Membro vitalício da American Society of Civil Engineers (Associação Americana de Engenheiros Civis), ASCE

CURRÍCULO CRONOLÓGICO BASEADO EM COMPETÊNCIAS

Carla J. Hansen

344 South 9898 East Bench
Washington, DC 20002
(202) 551-3345
CJHOfc@yahoo.com

RESUMO DA CARREIRA

Assistente executiva de gerente sênior e de lideranças no governo dos Estados Unidos. Excelente capacidade escrita e oral, excepcional competência em agendar, planejar, coordenar e documentar eventos especiais, reuniões confidenciais, aparições na mídia e conferências. Conhecida pela habilidade de coordenar eventos complexos enquanto se mantém calma e organizada. Sólido entendimento protocolar e cultural. Excelente reputação por sua confidencialidade e profissionalismo. Reconhecida por ser especialista em Microsoft Word e PowerPoint. Digita 90 palavras por minuto.

CARLA J. HANSEN   página 2

CONHECIMENTO EM INFORMÁTICA

- Word
- Excel
- Flash
- Outlook
- Corel Draw
- PowerPoint
- WordPerfect
- Access
- Quicken

EXPERIÊNCIA PROFISSIONAL

FEDERAL AVIATION ADMINISTRATION, Washington, DC   1993 — presente

Administradora executiva, 1998-presente

- Coordenou políticas de aviação e reuniões de conscientização de segurança. Em 2003, agendou 35 sessões públicas para promover a segurança da aviação.
- Reconhecida pelo diretor da FAA por organizar de forma eficaz reuniões para 200-300 pessoas.
- Respondeu inquéritos de mídias nacionais e locais em situações de crise; dirigiu chamadas direcionadas a gerentes e diretores; construiu fortes relações com a mídia.
- Manteve segurança de documentos importantes e relatórios confidenciais.

CARLA J. HANSEN   página 3

EXPERIÊNCIA PROFISSIONAL *(cont.)*

FEDERAL AVIATION ADMINISTRATION,
Washington, DC *(cont.)*

- Coordenou atividades de seis escriturários que amparavam três executivos da FAA e seis gerentes.
- Recebeu avaliações excelentes e reconhecimento por manter comunicação aberta em situações estressantes.

Assistente do administrador executivo, 1993-1998

- Redigiu correspondências e cartas para administradores executivos e outros gerentes da agência.
- Selecionou, registrou e tratou de mais de 100 perguntas e inquéritos por dia.
- Gerenciou produção de manual de segurança em aviação. Disponibilizou o material para 25 mil destinatários por ano.
- Reduziu em 75% o tempo para identificação de contatos ao criar banco de dados no Access para monitorar, documentar e catalogar listas de mala direta, documentos e informações sobre profissionais.

CARLA J. HANSEN   página 4

COMPETÊNCIAS-CHAVE

- Administração e gerenciamento
- Atenção aos detalhes
- Comunicação/Experiência com a mídia
- Orientação para o cliente
- Competência técnica
- Informatização do ambiente de trabalho
- Gerência e organização de informações
- Credibilidade
- Comunicação verbal e escrita
- Consciência organizacional

FORMAÇÃO ACADÊMICA

Tecnólogo em Artes
Miami-Dade Community College, Miami, FL

Certificação em Assistência executiva
Universidade DOI, Denver, CO

CURRÍCULO DIRETO BASEADO EM COMPETÊNCIAS

Mason Bennett

955 3rd Avenue
Salt Lake City, UT 84103
(801) 5550-9268
MBnt@yahoo.com

RESUMO

Engenheiro de hardware em comunicações digitais e analógicas, com experiência em indústria de computação, comunicação e multimídia. Reconhecido pela experiência em processamento de áudio e sinais. Coordenou a equipe de design e implementação de PC cards e outros acessórios para transmissão de dados em dispositivos móveis. Criou e desenvolveu estratégia e produtos para transmissão de dados em ampla escala. Os pontos fortes incluem conhecimento técnico, capacidade de alcançar resultados, pensamento analítico, meticulosidade e habilidades em comunicação.

HABILIDADES TÉCNICAS ESPECIALIZADAS

Desenvolvimento de Circuit Card, VHDL, ferramentas em PADS, Model Sim, Project 2000 Advanced, Action Science Dialogue 1 e 2 e Altera.

MASON BENNETT   página 2
_____

REALIZAÇÕES

Conhecimento técnico

- Ajudou a projetar modems DataWare/Megahertz em C52 e C54 baseado na plataforma de TI, implementado em DAA e interface analógica com conector de 15 pinos.
- Coordenou o projeto para construção de protótipos para empresas e aquisição e depuração de protótipos de PC cards. Apoiou a equipe de projetos em testes de design analógico.
- Coprojetou e gerenciou a construção de microprocessadores com base no sistema de difusão para a empresa Mica-Productions.
- Projetou circuitos analógicos e digitais, escreveu especificações, gerenciou 15 engenheiros e desenvolveu modificações aceitas como padrão na indústria, enquanto trabalhava em projeto para a IBM.

Resultados

- Coordenou o projeto de design, com a assistência de quatro engenheiros de hardware, para o desenvolvimento da primeira placa de som para computador da história da empresa.

MASON BENNETT — página 3

REALIZAÇÕES (*cont.*)

- Aumentou a confiabilidade do produto em 30% após reconhecer a necessidade de novos testes, desenvolvendo e testando procedimentos e persuadindo o gerente sênior a utilizá-los.

Pensamento analítico

- Analisou a necessidade do cliente, desenhou protótipos e desenvolveu a marca de acessórios Megahertz para produtos de rede.
- Preparou projeto alternativo com base no desenvolvimento de tecnologia e antecipou as mudanças exigidas na revisão do projeto.

Meticulosidade

- Desenvolveu requerimentos de produto, especificações de design, planos de teste e documentação da concepção à produção de acessórios.
- Liderou equipe de engenharia de projetos e foi premiado pela maioria dos projetos concluídos dentro do cronograma e do orçamento da empresa.

Habilidades de comunicação

- Desenvolveu e apresentou 50 demonstrações técnicas por ano para clientes e membros do conselho. Recebeu com frequência avaliações positivas.

MASON BENNETT   página 4

REALIZAÇÕES (cont.)

- Escreveu e apresentou proposta de projeto de US$5 milhões. Dirigiu equipe de 11 engenheiros e realizou ajustes em função de necessidades técnicas. Reconhecido por completar projetos abaixo do orçamento.

HISTÓRICO PROFISSIONAL

1996 — presente
DATAWARE   **Salt Lake City, UT**

Engenheiro líder de projeto, 1999 — presente
Engenheiro de desenvolvimento de hardware, 1996-1999

1997-1998
BAK TECHNOLOGY   **Salt Lake City, UT**

Engenheiro de desenvolvimento/testes

1996-1997
CALSON TEST GROUP   **Salt Lake City, UT**

Engenheiro de testes/Técnico em eletrônicos

MASON BENNETT   página 5

FORMAÇÃO ACADÊMICA

Bacharelado em Tecnologia de Engenharia Eletrônica, 1995.
Cogswell Polytechnical College, Sunnyvale, CA

- Ênfase em Desenvolvimento de processamento de sinal de áudio (DSP, analógico e de sistemas)
- Fez parte da Dean's List e da President's List, 1995

12. Crie correspondências com base em competências

Você trabalhou muito e sente-se bem em relação ao seu novo currículo baseado em competências, voltado para uma oportunidade específica. Contudo, pode estar se perguntando: "o que mais posso fazer para realçar as minhas competências e fazer com que meu currículo vá para o topo da pilha?"

Primeiro, precisa tomar algumas atitudes, sobretudo se estiver interessado num emprego em uma nova empresa. Nos próximos dois capítulos, nós lhe daremos algumas ideias sobre como conduzir o restante do processo de forma mais focada, com base em competências.

Thomas Jefferson disse: "Eu realmente acredito em sorte, e acredito que, quanto mais trabalhar, mais sorte terei." Se você trabalhar muito para conquistar sua próxima oportunidade, aumentará suas chances de ser bem-sucedido. Ao utilizar uma abordagem baseada em competências, poderá buscar seus objetivos de forma mais inteligente e focada, para aumentar as chances de sucesso. No entanto, não se esqueça de se esforçar bastante.

Você precisará de boas cartas de apresentação e agradecimento, além de uma forte rede de contatos e aprender a participar de entrevistas de forma eficaz. Em muitos casos é possível que o entrevistador utilize análise comportamental para determinar se você possui experiência nas competências que a empresa procura. Se você estiver interessado em um novo cargo na empresa em que trabalha, poderá candidatar-se sem precisar de uma carta de apresentação.

Lembre-se de que até a Cinderela precisou que o príncipe a escolhesse, mesmo já dentro do baile. Se a história ainda não mudou, além de ter a atenção do príncipe, o pé da donzela tinha que caber perfeitamente no sapato de cristal. A boa notícia é que seu currículo, carta de apresentação, rede de contatos e habilidades em entrevista não desaparecem após a meia-noite. Nós prometemos.

Neste capítulo focaremos em como redigir uma carta de apresentação e de agradecimento com base em competências. Estas ferramentas darão sustentação ao currículo e auxiliarão o empregador a compreender melhor o que você quer deixar explícito.

Nós explicaremos o que faz a correspondência com base em competências diferenciar-se das demais e ofereceremos alguns exemplos. No mercado de trabalho de hoje, é importante perceber que a maioria das trocas de mensagens é feita pela internet. Portanto, você precisa usar o bom senso e o planejamento para redigir boas cartas de apresentação e cartas de agradecimento on-line, a menos que o empregador esteja mais acostumado com a abordagem impressa.

CARTAS DE APRESENTAÇÃO COM BASE EM COMPETÊNCIAS

Às vezes, um currículo bem escrito não é suficiente para conseguir uma entrevista ou emprego. Já presenciamos casos em que os candidatos não foram selecionados para a entrevista por causa de cartas de apresentação mal redigidas. Os candidatos não compreendem o processo inteiramente, ou seja, o que acontece após o envio dos currículos.

Se a empresa utiliza um software de seleção, o currículo é examinado para determinar quem corresponde melhor aos requisitos do cargo. O sistema filtra o maior número de palavras-chave identificadas pelo gestor ou profissional de recursos humanos. A maioria dos profissionais divide os currículos em pilhas: "sim", "não" e "talvez", mas são raras as circunstâncias em que revisam a pilha do "talvez". Em seguida, leem as cartas de apresentação anexas aos currículos na pilha "sim" para ajudá-los a selecionar os candidatos mais qualificados.

As cartas de apresentação, em essência, são menos importantes do que o currículo, porque a maior parte dos recrutadores e profissionais de recursos humanos só as analisa caso decida que o candidato é qualificado para o cargo (a partir do currículo). No entanto, elas podem ser determinantes em alguns casos, causando a eliminação do candidato caso estejam mal redigidas.

Um modelo de carta de apresentação que traz resultados bastante positivos para a maioria das pessoas encontra-se nas páginas 237-239.

Primeiro passo:

Se você quiser explicitar o profissional que o indicou, comece com essa informação. Do contrário, identifique o cargo em que está interessado e explique como soube da oportunidade.

Segundo passo:

Mostre como você se adéqua às suas necessidades. Se escreveu um currículo baseado em competências, você será capaz de identificar as necessidades da empresa muito mais claramente após fazer uma pesquisa, porque entende as competências que o entrevistador busca. Discuta as competências que se encaixam ao que a organização procura. Apresente exemplos de uma realização recente que demonstre ter experiência em uma das competências mais importantes para o sucesso da empresa.

Terceiro passo:

Mostre ao leitor o que você espera que ele faça. Certifique-se de explicitar que entregou um currículo para que as suas realizações possam ser avaliadas e que espera poder conversar com o entrevistador em breve. Mencione que irá fazer o acompanhamento do processo e contatá-lo na próxima semana (se apropriado). Agradeça-o pelo tempo cedido e pela consideração.

Modelo de carta de apresentação com base em competências

Resposta ao anúncio para cargo de gerente de vendas

> Use este espaço para centralizar a sua carta no papel, verticalmente. Na maioria dos casos, o nome, o endereço, o número de telefone e o e-mail também devem ser incluídos no cabeçalho.

Mês, dia, ano

> Endereçar a carta para uma pessoa específica é sempre preferível. Se você não possui um nome específico para a saudação, considere deixá-la de fora.

O nome do empregador para quem a carta se dirige
Título do empregado
Empresa
Endereço
Cidade, Estado, CEP

Prezado _____ (Gerente de contratação)

> Para facilitar o entendimento, deixamos em **negrito** as competências desejadas pelo empregador. Você não fará o mesmo na carta.

Escrevo em resposta ao anúncio no jornal *ABC* para o cargo de Gerente de vendas distrital. Eu estou extremamente interessado no cargo e confiante de que apresento as experiências em vendas e gerência para desempenhar um bom trabalho.

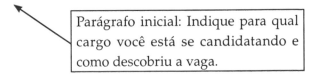
Parágrafo inicial: Indique para qual cargo você está se candidatando e como descobriu a vaga.

O cargo oferecido e as competências exigidas se adéquam perfeitamente aos meus pontos fortes. Procuro uma oportunidade para trabalhar e **produzir resultados** positivos. Gosto de desafios. Para mim, quanto mais desafiador, melhor. Os gerentes anteriores disseram que não tenho medo de **assumir riscos** e que possuo excelentes **habilidades interpessoais**. Ademais, estou habituado a **tomar iniciativa** e a **conduzir projetos** com pouca supervisão. Eu sei que estas características me tornarão bem-sucedido trabalhando para a empresa XYZ:

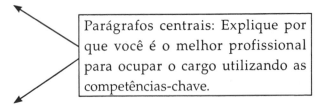
Parágrafos centrais: Explique por que você é o melhor profissional para ocupar o cargo utilizando as competências-chave.

Eu estou muito interessado em trabalhar com vendas para a empresa XYZ, que tem a reputação de recompensar a alta produtividade.

Espero poder encontrá-lo durante a entrevista para que conheça mais a meu respeito e saiba como posso ajudá-lo a atingir suas metas. Meu currículo está anexado para a sua avaliação. Meu telefone é (206) 555-4523. Telefonarei dentro de uma semana para acompanhar o processo de seleção. Muito obrigado por disponibilizar seu tempo e pela sua consideração.

Último parágrafo: Descreva o que você espera. *Sempre* diga quando entrará em contato, forneça uma data específica ou um período. Lembre-se de incluir seu número de telefone para facilitar o contato.

Atenciosamente,

Use três espaços entre a conclusão e o seu nome. Coloque sua assinatura neste espaço.

John Dalrymple

MODELO DE CARTA DE APRESENTAÇÃO COM BASE EM COMPETÊNCIAS

Jim A. Brophy

5515 Echo Road, Salt Lake City, UT 84102
(801) 555-4387
JBPHY@yahoo.com

9 de Junho de 20XX

R. L. Walker
PermStor
2318 Nesbitt Road
Salt Lake City, Utah 84101

Assunto: Cargo de gerente de vendas internacional

Sou um profissional de vendas voltado para resultados, podendo atuar como instrutor de vendas, gerente de marketing e representante de vendas no município. Possuo mais de 10 anos de experiência em gerência, marketing e treinamento de vendas. Fui reconhecido como um dos melhores profissionais em vendas em todas as empresas em que trabalhei, tendo desenvolvido relações eficazes e de longa data com os principais clientes. Minha experiência pode ajudar a PermStor a explorar novos mercados, desenvolver relações mais fortes com os clientes e aumentar as vendas.

- **Eu desenvolvi, elaborei e ministrei seminários e cursos de vendas.** Estou escalado para apresentar um deles no Canadian International Sales Expo, em setembro, onde falarei sobre vendas e construção de relacionamentos.

JIM A. BROPHY   página 2
___

- **Meus pontos fortes são previsões de negócio, relacionamento com cliente, negociação e construção de consenso.**
  - Um dos projetos mais significativos em que trabalhei foi a negociação de um acordo de pacote único de aluguel para unidades de estoque, projetado para gerar lucro de US$2 milhões nos próximos três anos.
  - Na empresa James Company, era responsável por gerenciar relacionamentos com cinco principais clientes. Colaborei no desenvolvimento de receita de US$7,5 milhões para US$12 milhões em dois anos.

Estou confiante de que minha experiência e direcionamento constituem as competências que a PermStor busca. Caso haja alguma dúvida, ou precise de informações adicionais, por favor entre em contato comigo pelo número (801) 555-4387. Em breve entrarei em contato para agendar uma reunião em que possamos discutir o cargo.

Atenciosamente,
Jim A. Brophy

Não espere que uma única carta de apresentação funcione para todas as situações. Ninguém quer receber uma carta-padrão, e a maioria dos profissionais de recursos humanos e recrutadores percebem quando recebem uma. A principal diferença ao adotar uma abordagem com base em competências é que você não poderá utilizar uma carta-padrão, porque ela deve enfatizar as necessidades do empregador. Se você deseja o cargo, reserve algum tempo para escrever uma carta de apresentação que foca especificamente nesta oportunidade.

Use seu discernimento ao escrever cartas de apresentação. Cada situação pode ser ligeiramente diferente e requerer outra linguagem ou outras ideias. Por exemplo, ao responder um anúncio, descreva com clareza as competências e experiências que você possui e que constam no anúncio. Molde sua carta a cada situação. Tente adaptar a linguagem, a terminologia e o tom de sua carta de acordo com as publicações e o site da empresa.

Folheie livros que analisam o processo de redação de cartas de apresentação eficazes para obter mais exemplos e dicas. Dois livros que podem trazer ideias adicionais são: *Cover letters! Cover letters! Cover letters!* [Cartas de apresentação], de Richard Fein, e *Last Minute Cover Letters* [Cartas de apresentação de última hora], de Brandon Toropov. Esses livros lhe trarão boas ideias sobre como escrever cartas de apresentação, mas ainda será preciso ajustá-las ao modelo com base em competências discutido no segundo passo (pág. 236).

CARTAS DE AGRADECIMENTO

Também existem casos em que os candidatos são eliminados por causa das cartas de agradecimento. No geral, é melhor não enviar uma carta de agradecimento do que apresentar uma mal redigida.

No entanto, uma carta de agradecimento bem escrita *faz* toda a diferença e o ajuda a ser convidado para uma segunda entrevista ou, até mesmo, a receber uma proposta, pois dá ao gerente de contratação uma boa ideia de sua aptidão para o cargo. Sendo assim, reserve um tempo para redigi-la e se destacar em relação aos demais candidatos.

Um candidato para o cargo de computação geocientífica decidiu escrever seis cartas de agradecimento diferentes, uma para cada entrevistador da empresa. O gerente de contratação ficou tão impressionado que comparou as cartas com os outros cinco entrevistadores para confirmar quão bem escrita e única era cada uma delas. Por fim, lhe ofereceu a vaga.

O candidato promoveu seu trabalho ainda mais ao incluir uma ou duas frases sobre o que o entrevistador dissera ou sobre o que mais o impressionou.

Nós o encorajamos a adotar a mesma abordagem de prestar muita atenção durante a entrevista ou enquanto estabelece a sua rede de contatos, percebendo comentários específicos que você poderá incluir em sua carta de agradecimento. Você poderá inserir uma frase sobre as suas competências ou habilidades que não tenham sido enfatizadas na entrevista, explicando como elas podem beneficiar a empresa.

Ao escrever uma carta de agradecimento para uma entrevista, mostre ao entrevistador que seus pontos fortes são os que a empresa procura. No final da nota, deixe que ele saiba que você está genuinamente interessado no cargo.

Certifique-se de que escreveu a carta para as pessoas certas e de que redigiu os nomes corretamente. Lembre-se de pedir o cartão de visitas ao gerente de recursos humanos ou entrevistador.

Você não gostaria de estar no lugar do candidato que redigiu uma carta de agradecimento à sua entrevistadora, Suzanne, e a apresentou à secretária, Susan, acreditando que ela fosse a gerente. Por razões óbvias, o candidato *não* conseguiu uma segunda entrevista.

Reserve algum tempo para redigir uma boa carta de agradecimento com base em competências. Isso pode fazer a diferença.

Envie as cartas nas primeiras 24 horas após a entrevista. Nos dias atuais, é apropriado enviar a carta por e-mail na maioria das situações.

Lembre-se de que e-mails mostram a data e a hora do envio. Dessa forma, não os envie imediatamente após voltar para casa, porque pode parecer um ato desesperado, nem entre meia-noite e seis da manhã, que não é um horário usual para iniciar uma correspondência. E não se esqueça: nunca envie *qualquer correspondência* relacionada à procura por emprego do endereço eletrônico de seu emprego atual.

Corrija os erros ortográficos e reveja cuidadosamente os erros gramaticais e de semântica.

Escrever boas cartas de apresentação, com qualidade e precisão, lhe trará mais vantagens em relação aos outros candidatos. Lembre-se de focar nas competências com as quais se identifica e, em todas as correspondências, use a linguagem com base em competências sempre que possível.

PONTOS-CHAVE DO CAPÍTULO 12

Em todos os assuntos humanos há esforço e há resultados, e o alcance do esforço é mensurado pelo resultado.

— James Allen

Como devo enviar a carta de apresentação e a de agradecimento?

Use o bom senso, mas tenha em vista que a maioria das cartas de apresentação e de agradecimento, hoje em dia, é on-line.

Você pode me dar um guia passo a passo para a carta de apresentação?

Personalize a sua carta em função do cargo e da empresa em que almeja trabalhar.

Siga este guia ao redigir a carta de apresentação:

1. Identifique o cargo em que está interessado. Deixe claro onde conseguiu informações sobre a oportunidade ou quem o indicou.	*Parágrafo 1*
2. Descreva as suas competências que se adéquam ao que a empresa procura. Apresente exemplos de uma realização recente que demonstre sua experiência com uma das competências mais importantes.	*Parágrafo 2*

3. Resuma a sua carta. • Mostre ao leitor o que você deseja. • Avise que anexou seu currículo à carta, para avaliação. • Deixe claro que deseja marcar uma entrevista em um futuro próximo e entrará em contato em breve. • Mencione que fará o acompanhamento do processo e entrará em contato na semana seguinte. • Agradeça-os pelo tempo dedicado e pela consideração.	*Parágrafo 3*
4. Revise a carta. • Em cópias impressas, procure identificar o apelo visual e os espaços em branco. • Verifique a gramática e a ortografia. • Verifique o formato de carta adequado para a empresa. • Verifique o tom e a qualidade da comunicação.	*Revisão final*

Por que eu deveria escrever uma carta de agradecimento?

Se você é um forte candidato para um cargo, escrever uma carta de agradecimento ajudará o empregador em potencial a vê-lo de forma mais positiva. Pode ser a atitude que o levará a conquistar o cargo almejado, pois trará a oportunidade de mencionar alguma informação deixada de lado na entrevista. Além disso, é uma última chance de se "vender". Se você estiver entre os candidatos com potencial para serem escolhidos, a carta de agradecimento pode pesar a seu favor.

13. Prepare-se para entrevistas e para construir uma rede de contatos com base em competências

A maioria dos consultores de carreira acredita que a finalidade do currículo é conseguir uma entrevista e a finalidade da entrevista é a conquista de um emprego.

O processo de procura por emprego assemelha-se, em partes, à pescaria. Você prepara a isca, coloca-a no anzol, lança a linha e espera um peixe ser fisgado. A depender do tamanho do peixe, você precisará de ajuda para puxar a linha de volta e colocá-lo na rede.

Este capítulo fornecerá o equipamento certo para a *pesca*, ou seja, as ferramentas para desenvolver uma boa rede de contatos, agendar uma entrevista e obter a melhor oferta de emprego possível. Daremos algumas dicas para ajudá-lo a "fisgar" o cargo certo, todas fundadas num dos métodos mais eficazes que existem, o modelo com base em competências.

CRIAR CONTATOS COM BASE EM COMPETÊNCIAS

Políticos, profissionais de venda e captadores de recursos tornam-se bem-sucedidos porque estabelecem uma rede de contatos que os permite conseguir ajuda para o que quiserem, sejam votos, vendas ou doações.

De forma bem simplista, a rede de contatos é construída ao sair, conhecer e conversar com pessoas por determinado motivo. Realizar esse processo com base em competências, via telefone ou pessoalmente, o auxiliará a encontrar informações sobre as competências necessárias para ser bem-sucedido no cargo em que está interessado.

Nós forneceremos dicas básicas para auxiliá-lo a estruturar uma rede de contatos de forma objetiva, para que consiga falar com pessoas que possam ajudá-lo a perceber o tipo de peixe disponível, o tamanho do lago e a isca certa para o peixe desejado.

1. Faça contatos com um propósito. Converse com as pessoas até encontrar aquela que está inteirada das competências que a empresa procura e que esteja disposta a dividir essa informação. Busque um contato interno que interceda por você junto aos recrutadores. Em outras palavras, saiba promover a si mesmo e às suas competências, mesmo enquanto estiver trabalhando em sua rede de contatos.
2. Seja persistente ao estabelecer contatos, mas não seja insistente. Delphia York Duckens, vice-presidente de captação de recursos e gerente de marcas para a organização Girl Scouts, em Houston, disse que não aceita "não" como

resposta de possíveis doadores, a menos que recusem por, no mínimo, três vezes.
3. Lembre-se de que sua rede de contatos é muito maior do que pode imaginar. Você conhece colegas de trabalho, vizinhos, familiares, amigos, integrantes de seu grupo religioso, médicos e dentistas, colegas de escola, os pais e professores de seus filhos, na escola ou clube esportivo, além de diversas pessoas que encontra em suas próprias atividades. Cada um desses contatos conhece outra pessoa e a maioria ficaria feliz em apresentá-las a você. A maioria dos consultores de carreira acredita que todos temos cerca de 250 pessoas em nossa rede de contatos, em qualquer momento, e deveríamos sempre nos esforçar para aumentar a lista.
4. Não seja orgulhoso demais para pedir ajuda. Você precisa de contatos internos para interceder por você.

> **Dica:** Talvez você precise mudar seu comportamento. Sempre achamos interessante conduzir um programa de treinamento e perceber quantas pessoas se sentem desconfortáveis com a ideia de pedir ajuda. Nós perguntamos a elas se alguma vez ajudaram alguém a conseguir um novo emprego ou promoção e como elas se sentiram a respeito. Quase sempre dizem que se sentiram bem ao ajudar. Então explicamos que se elas se recusam a pedir ajuda a alguém estão negando àquela pessoa a oportunidade de se sentir bem por ajudá-*las*.

5. Quando fizer algum contato com uma empresa, lembre-se de que um de seus objetivos é conquistar alguém que possa intervir por você. Dê a ele uma cópia de seu currículo e promova o que fez em relação às competências identificadas para o cargo. Peça ajuda.
6. Lembre-se de agradecer aos seus contatos, ao final da conversa, pela ajuda e aconselhamento. Ofereça reciprocidade ao perguntar se existe algo que pode fazer por ele ou ela. Envie e-mails agradecendo pela ajuda na manhã seguinte.
7. Faça o acompanhamento do processo de seleção e mantenha os seus contatos informados a respeito do resultado da informação que eles forneceram. Mantenha contato continuamente. A maioria das pessoas não gosta de ser lembrada apenas quando você precisa de algum favor. Se agir assim, elas o ajudarão apenas uma ou duas vezes. Você precisa cultivar seus contatos, encare isso como uma oportunidade para demonstrar seu nível de sofisticação social.

Para mais informações sobre como estabelecer uma rede de contatos eficaz, recomendamos a segunda edição do livro *Power Networking* [*Rede de contatos eficaz*, em tradução livre], de Donna Fisher e Sandy Vilas. Lembre-se sempre de extrair o melhor das ideias sobre competências de outras fontes e inseri-las em sua formação de rede de contatos. Lembre-se de promover as suas competências, demonstrando que são adequadas ao cargo. Encoraje seu contato, caso necessário, a apoiá-lo ou defendê-lo junto às pessoas que ele conhece.

ENTREVISTAS COMPORTAMENTAIS DE SUCESSO

Preparar um currículo eficaz baseado em competências o ajudará a ser mais bem-sucedido em entrevistas com análise comportamental. Se você escreveu um currículo baseado em competências, já analisou as que serão exigidas para o cargo e como as suas realizações denotam experiência nelas. Como você entende a importância de adequar seu perfil às necessidades da organização, terá algumas vantagens ao responder perguntas da análise comportamental feita durante as entrevistas.

A maioria das empresas que adota o sistema de competências encara a análise comportamental como parte principal de suas entrevistas. Essa análise se baseia na concepção de que comportamentos passados indicam o sucesso futuro. Para realizá-la, os entrevistadores fazem perguntas a fim de descobrir como o candidato se comportou no passado em relação às áreas-chave para a empresa. Você percebe a ligação dessa análise com as competências?

Algumas empresas fazem entrevistas puramente com perguntas sobre o comportamento. Os entrevistadores possuem uma lista de possíveis perguntas para cada competência identificada para o cargo. No quadro das páginas 253-254 nós fornecemos pelo menos um exemplo de uma pergunta típica de uma análise comportamental para cada competência mais usual.

Então, qual é o melhor conselho ao se preparar para uma entrevista com análise comportamental?

1. Reveja as competências para o cargo. Certifique-se de que você entendeu o que a empresa procura.

2. Releia seu currículo. Preste muita atenção nas realizações que você redigiu para demonstrar como a sua formação está de acordo com as competências exigidas pela empresa. Saiba qual realização melhor descreve o que você fez em cada área de competência.
3. Esteja certo de que consegue responder completamente as perguntas sobre cada realização. Reveja os detalhes sobre projetos em que trabalhou há poucos anos para que soe o mais sincero possível. Certifique-se de que é capaz de falar sobre seus resultados, incluindo prazos e orçamentos. Entenda como o projeto apresentou impacto positivo na empresa em que foi aplicado.

Competência	Pergunta comportamental
Orientação para resultados	Fale sobre um período em que foi orientado pelas metas estabelecidas. Descreva a sua venda mais desafiadora.
Iniciativa	Descreva uma situação de trabalho em que precisou ser particularmente persistente. Você antecipou e se preparou para um problema futuro que não era evidente para os outros? Fale a respeito disso.
Impacto/ Influência	Discorra sobre a época em que persuadiu os gestores ou clientes a mudarem de ideia sobre a decisão de negócios. Você já planejou secretamente uma forma de intervir a favor de suas ideias ou influenciar pessoas de forma indireta? Fale sobre isso.

(cont.)

Competência	Pergunta comportamental
Orientação de atendimento ao cliente	Descreva uma situação em que adotou medidas "muito além do padrão" por um de seus clientes.
Entendimento interpessoal	Narre uma situação em que seu conhecimento em comunicação não verbal ou em questões subliminares o ajudou a resolver um problema ou fez com que percebesse uma oportunidade. Se você trabalhou com diferentes culturas, descreva uma situação em que a sua sensibilidade multicultural o fez mudar a abordagem para atingir uma meta.
Consciência organizacional	Conte sobre um período em que percebeu que a política da empresa o ajudou a fazer um trabalho melhor.
Pensamento analítico	Descreva os passos que percorreu para gerir e terminar um projeto.
Pensamento conceitual	Você já elaborou algum novo conceito ou modelo com base em suas observações de padrões ou tendências? Você poderia descrever o seu processo de raciocínio?
Busca por informações	Fale sobre um trabalho em que você precisou ser engenhoso e buscar dados específicos.
Integridade	Descreva uma situação na qual precisou tomar uma decisão difícil e focou em seus valores.

4. Identifique outras realizações relacionadas à lista de competências. Tente apresentar pelo menos um exemplo para cada competência.
5. Lembre-se de que a maioria dos entrevistadores que utiliza análise comportamental avaliará suas respostas e verificará se você incluiu uma descrição completa da situação ou problema, da ação que adotou e do resultado dessa ação (ou benefício para a empresa).
6. A maioria das perguntas deve ser de teor comportamental, mas não se surpreenda caso algumas não sejam.

Lembre-se de que a finalidade do currículo é conseguir uma entrevista, e a finalidade da entrevista é conquistar o emprego. Busque explicar como suas realizações comprovam que você é competente nas áreas de maior importância para a empresa. Essa atitude trará vantagens na hora de agendar uma entrevista. Além disso, ajudará você a garantir uma oferta de emprego.

Também é importante saber que os entrevistadores, em geral, buscam três pontos relevantes nos candidatos:

1. Ele consegue fazer o trabalho? Apresenta as habilidades necessárias, experiência, formação ou referências?
2. Ele fará o trabalho? Está motivado e quer trabalhar arduamente?
3. Ele se *adequará* ao departamento e à empresa? Apresenta boa comunicação e habilidade interpessoal? Outras pessoas vão querer trabalhar com você?

Além de estar bem preparado para uma entrevista com análise comportamental, é preciso ter um bom desempenho. Faremos uma rápida revisão de algumas dicas básicas que daríamos a qualquer candidato que estivesse se preparando para uma entrevista e algumas que ainda *não* tratamos quando falamos sobre entrevistas com análise comportamental.

1. Prepare-se para a entrevista. Além de saber como suas realizações se adéquam às necessidades da empresa, reserve algum tempo para pesquisar sobre a organização. Visite o site e obtenha informações sobre a área financeira. Saiba os detalhes sobre a empresa, inclusive quais produtos e serviços eles oferecem. Descubra quantos funcionários trabalham lá e tente saber qual é o tipo de cultura empresarial adotado. Fale com as pessoas de sua rede de contatos e descubra as "verdades" sobre a organização.
2. Planeje-se para responder perguntas típicas, como:

- Fale sobre você.
- Qual é sua maior fraqueza?
- Qual é seu maior ponto forte?
- Por que está interessado neste cargo?

Para mais informações sobre como responder a essas perguntas, leia o Apêndice G.

3. Durma bem na noite anterior à entrevista.
4. Deixe uma primeira impressão *positiva*. Lembre-se de que a percepção do entrevistador é

importante e de que a maioria dos entrevistadores decide rapidamente se o candidato é apto ou não.

Adote uma aparência profissional para a entrevista. Vista-se de forma apropriada para o cargo, mas, se não tiver certeza, vista-se apenas de forma conservadora, porque é mais seguro. Nós aconselharíamos um bancário a usar terno escuro para uma entrevista, ao contrário de um gerente criativo em uma entrevista para trabalhar em uma agência de propaganda, que pode se vestir de forma menos conservadora. Se não tiver certeza, peça a seus contatos internos algumas recomendações. Recrutadores, profissionais de recursos humanos ou gerentes que você conheça talvez possam ajudá-lo. Leve o tempo necessário para garantir que seu cabelo e unhas estejam bem-feitos, que seus sapatos estejam engraxados e, caso seja mulher, que o salto esteja adequado.

Chegue mais cedo para a entrevista, mas aguarde do lado de fora para que a recepcionista anuncie sua chegada entre cinco a dez minutos antes da entrevista. É tão desagradável para o entrevistador quanto para o candidato chegar trinta minutos antes ou trinta minutos depois.

A menos que você seja da altura de Yao Ming ou Shaquille O'Neal, evite se sentar na recepção enquanto espera por seu entrevistador. A maioria das pessoas parece mais profissional em pé. Quando o entrevistador chegar, sorria, olhe nos olhos dele e dê um aperto de mão firme.

5. Durante a entrevista, seja articulado e positivo. Permaneça focado no que você quer obter, isto é, uma segunda entrevista ou oferta de emprego. Responda às perguntas de forma

positiva e evite dizer coisas que façam com que o entrevistador o coloque na posição de vítima. Deixe-o conduzir: já presenciamos alguns casos de candidatos com sérios problemas por tentar liderar a entrevista. Se perguntarem algo difícil, faça uma pausa e pense na resposta antes de começar a falar.

Ouça a pergunta e responda exatamente ao que foi perguntado. A maioria dos entrevistadores não quer contratar alguém que não saiba prestar atenção. Faça uma pergunta ocasional para demonstrar ao entrevistador que você estava escutando e que está genuinamente interessado no trabalho.

Preste atenção na sua comunicação não verbal. Certifique-se de que esteja falando alto o suficiente, mantendo contato visual e sentado com a coluna reta. Não se encoste em algum lugar, isso pode ser interpretado como falta de interesse. E, se você se inclinar muito para frente, o entrevistador pode pensar que você está invadindo o seu espaço pessoal e é socialmente inepto.

6. Ao final da entrevista, podem perguntar se você tem alguma dúvida. Esta é uma das regras desconhecidas: **você precisa ter dúvidas.** Se não fizer perguntas, o entrevistador entenderá que você não está interessado no cargo. Então, quais são bons exemplos de perguntas? Aqueles que demonstram interesse no trabalho para o qual você está sendo entrevistado. Você também pode ganhar pontos se fizer uma pergunta que dê con-

tinuidade a algo que o entrevistador disse durante a entrevista, porque demonstrará que você não só prestou atenção, como também é flexível o suficiente para perguntar algo que, claramente, não tinha planejado.

Dica: Uma boa pergunta: "O que a pessoa que foi mais bem-sucedida nesse cargo realizou nos primeiros meses de função?" De acordo com a resposta do entrevistador, veja se consegue identificar as competências.

7. Ao final da entrevista, o entrevistador explicará o que ocorrerá nas etapas seguintes do processo seletivo. Caso ele não fale, pergunte: "Qual é o próximo passo?" Lembre-se de lhe dizer que você está muito interessado no cargo e agradeça-o pelo tempo dedicado.

Nós recomendamos que você reserve tempo para ler alguns títulos e obter ideias sobre como melhorar suas habilidades para a entrevista. *Interviewing and Salary Negotiation* [*Entrevistas e negociação salarial*, em tradução livre], de Kate Wendleton, e *Knock 'Em Dead 2004: Great Answers to Over 200 Tough Interview Questions* [*Atitudes infalíveis de 2004: ótimas respostas para mais de 200 perguntas difíceis de entrevistas de emprego*, em tradução livre], de Martin Yate, são bons livros para iniciar esse estudo.

PONTOS-CHAVE DO CAPÍTULO 13

Nenhum homem conquista seu lugar no topo e permanece lá sem possuir a medida exata de perspicácia, coragem, determinação e resolução.

— B. C. Forbes

Como se dá a construção de uma rede de contatos?

Constrói-se uma rede de contatos saindo, encontrando e conversando com pessoas com um objetivo específico.

Qual é o processo para se estabelecer uma rede de contatos eficaz?

A aquisição de contatos deve ter um motivo predeterminado.	• Identifique o que precisa saber. • Defina com quem irá socializar. • Saiba o que quer promover.
Seja persistente, mas não seja chato.	• Peça o que gostaria de diversas formas. • Pergunte se eles recomendam alguma pessoa com quem possa entrar em contato.
Saiba que a sua rede é maior do que imagina.	• Todas as pessoas com as quais você faz negócios fazem parte de sua rede. • Todas as pessoas que você conhece socialmente fazem parte de sua rede. • Todas as pessoas que conheceu, com quem trabalhou ou estudou são parte de sua rede.

Não tenha medo de pedir o que você quer.	• Você precisa saber o que quer antes de entrar em contato com as pessoas em sua rede.
Entenda o que é importante cultivar em sua rede.	• Sempre pergunte se há algo que possa fazer por seus contatos. O que você dá recebe de volta. • Mantenha contato com a sua rede mesmo quando não precisa de nada. • Busque ajuda e conquiste pessoas que poderão intervir por você. • Sempre agradeça às pessoas pela ajuda. • Deixe que seus contatos saibam como o ajudaram em sua busca por emprego.

Como é uma pergunta de uma análise comportamental?

Uma pergunta de análise comportamental solicita exemplos do que você fez em uma determinada situação no passado. Exemplos de perguntas comportamentais:

- Descreva uma situação em que você foi capaz de atingir resultados em situações estressantes.
- Fale sobre o que fez na empresa anterior para melhorar os ânimos.

Quando responder uma pergunta de análise comportamental, utilize estes passos:

- Descreva a situação ou **Problema**.
- Fale sobre a **Ação** que adotou para mudar ou melhorar a situação.

- Descreva o **R**esultado ou desfecho.

Lembre-se de usar as competências como guia ao escolher suas respostas. Escolha situações que se adéquem às competências que precisa demonstrar.

Como devo me preparar para a entrevista?

- Crie uma primeira impressão positiva. Vista-se para o sucesso.
- Planeje e ensaie respostas para as perguntas típicas de entrevistas.
- Lembre-se da lista de competências que você fez para o cargo e responda às perguntas com base nas necessidades da empresa.
- Faça perguntas ao final da entrevista. Preste atenção em tópicos sobre os quais possa inquirir ao final da entrevista. Tente incluir algumas perguntas baseadas em competências.

14. O próximo passo: gerencie ativamente sua carreira em uma empresa que adota o sistema com base em competências

Parabéns! Você escreveu um currículo eficaz baseado em competências e conseguiu o cargo almejado em uma empresa que também adota o sistema com base em competências. E agora, o que fazer?

Se você não entender os mecanismos de avaliação e recompensa de funcionários dentro da empresa em que está trabalhando, que podem ser diferentes daqueles com que está acostumado, existe a possibilidade de você não prosperar nesta nova cultura. É importante se familiarizar com a cultura da empresa e com as competências que servirão de base para sua avaliação. Você precisará aprender o que fazer para garantir que seja visto como bem-sucedido pelos seus novos gerentes, tendo em vista o sistema com base em competências.

Quando estávamos na escola, a maioria aprendeu que os professores davam as maiores notas aos alunos que mais se esforçavam para entender os exercícios e chegavam ao resultado que os professores esperavam. No entanto, algumas vezes as pessoas não querem seguir as instruções e não compreendem que para ser bem-sucedido é necessário corresponder ao que seus professores e gerentes esperam de você.

Um aluno disse ao professor que deveria ser recompensado por ter se esforçado mais ao entregar um discurso de dez minutos em vez de cinco, conforme havia sido solicitado. O professor lhe deu algum crédito por ser criativo e abordar uma nova explicação, mas tirou alguns pontos por não seguir as instruções.

A maioria de nós aprendeu da forma mais difícil que se formos "contra o sistema" haverá consequências das quais podemos não gostar. Embora seja importante entender como o sistema funciona e trabalhar dentro dele, é igualmente importante, para nós e para as empresas em que trabalhamos, agir com integridade e se sentir bem com o que fazemos. Afinal de contas, a integridade tem ganhado importância significativa na lista de competências das empresas.

Reconhecer o papel das competências em certas empresas e aprender a promovê-las e a divulgar sua carreira com os gerentes *fará* uma enorme diferença em sua vida profissional.

Você deu o primeiro passo em direção ao gerenciamento de sua carreira ao identificar as competências exigidas para o cargo. Em seguida, desenvolveu uma lista de realizações para demonstrar as qualidades em cada área de competência. A seguir, montou um currículo focado em competência que ajudou o responsável pela contratação a perceber como aquela empresa poderia se beneficiar ao tê-lo como funcionário. Finalmente, você aprendeu a responder a perguntas de análise comportamental sobre sua experiência com as competências mais importantes.

Ao percorrer esses passos, você também adquiriu algumas competências de comunicação. Como continua a evoluir em sua carreira, deve estar atento à construção, ao acompanhamento e ao domínio de competências-chave.

Como você se mostrou interessado na leitura deste livro, supomos que está aberto a treinamentos e quer continuar a evoluir como funcionário, a receber premiações e a evoluir em sua carreira.

Para ajudá-lo a ser visto como um astro em sua empresa, apresentamos sete sugestões:

1. Crie e adote um sistema para identificar as suas competências e realizações.
2. Mantenha seu currículo atualizado.
3. Desenvolva suas competências mais relevantes.
4. Identifique e supere as lacunas em suas competências.
5. Desenvolva novas competências que possam ser importantes em cargos futuros.
6. Promova sua carreira ao certificar-se de que seus gerentes conhecem suas competências.
7. Envie para o gerente uma lista atualizada de suas últimas realizações antes de cada avaliação de desempenho. Atualize e prepare seu currículo para novas oportunidades.

Crie e use um sistema para controlar suas competências e realizações

É importante ter um sistema para monitorar as suas competências e todas as realizações que as exemplificam. Pode ser uma planilha do MS Excel ou um banco de dados como o Access. O objetivo é incluir as realizações relacionadas às competências identificadas em seu cargo atual e as competências para funções em que esteja interessado no futuro. No Capítulo 8, oferecemos mais detalhes sobre como desenvolver esse tipo de sistema de monitoramento.

Mantenha seu currículo atualizado

Ao começar um novo trabalho é habitual focar nas atividades cotidianas e não dedicar o seu tempo a se preparar para o futuro. Embora cada pessoa tenha um tipo de cronograma, recomendamos que você atualize seu currículo a cada três ou seis meses, tendo em vista as competências que identificou para o cargo atual.

Desenvolva as competências mais relevantes

Busque oportunidades para desenvolver as competências necessárias para o seu trabalho atual, cujas realizações e desempenho possam demonstrar suas habilidades para exercer funções mais elevadas. Durante a avaliação de desempenho, preste atenção especial às competências com necessidade de desenvolvimento.

Como desenvolver suas competências? Solicite tarefas que o permitirão trabalhar em uma determinada área de competência. Procure um mentor ou tutor para ajudá-lo. Identifique os programas de treinamento relevantes na empresa em que trabalha, na comunidade onde vive, em faculdades e universidades. Busque oportunidades para desenvolver suas competências dentro e fora do ambiente de trabalho. Muitos funcionários estão envolvidos em ações voluntárias ou lecionam em universidades ou faculdades. Dessa forma, são capazes de desenvolver competências como "Impacto e influência", "Pensamento analítico e conceitual" e "Orientação de atendimento ao cliente". Você também pode.

> **Dica:** Você pode estar no cargo de assistente de recursos humanos no qual "Orientação de atendimento ao cliente" é uma competência importante. O gerente avaliou o seu desempenho em acompanhar ações e manter comunicação aberta de forma positiva. Para desenvolver a competência "Orientação de atendimento ao cliente" em um nível mais alto, você precisará demonstrar que assume a responsabilidade, mostrar-se totalmente disponível e buscar o aprimoramento.
>
> Conforme avança em sua carreira e galga novos postos na empresa, é de se esperar que tenha uma perspectiva para o futuro, que atue como um conselheiro confiável e defenda os interesses do cliente. Solicite trabalhos e

procure oportunidades que possam demonstrar que você tem um nível profissional mais elevado. Escreva sobre suas realizações para comprovar isso.

Identifique e supere suas lacunas de competência

Em algumas circunstâncias, as áreas de competência em que você mais demonstra deficiências podem ser as maiores oportunidades para crescimento. Estas são as *lacunas de competência* que precisam ser superadas.

Quais são as competências avaliadas e que você não pode comprovar que possui? Percebê-las é importante.

Um funcionário recentemente transferido da área de engenharia para o setor de vendas pode não ter um nível tão alto em "Orientação de serviço ao cliente" quanto, por exemplo, o de um profissional que dedicou sua carreira às vendas. Mas a experiência em engenharia pode trazer pontos fortes em outras áreas, fazendo com que ele seja uma excelente aquisição para o departamento. Se ele for adequado para o departamento de vendas, buscará oportunidades de superar seu déficit de competência, o que fará nos primeiros meses de trabalho. Nesse cenário em particular, o treinamento e o mentor ou tutor podem ser de grande valia.

Desenvolva novas competências que possam ser importantes em cargos futuros

Além de monitorar as competências necessárias para seu emprego atual, é preciso se planejar para o futuro. Que tipo de trabalho você gostaria de exercer nos próximos dez anos? Quais competências são importantes para este cargo? Qual nível de conhecimento em cada competência é necessário para ser bem-sucedido?

Comece a procurar oportunidades para desenvolver *agora* as realizações nessas áreas e demonstrar que estará preparado para cargos mais elevados *no futuro*. Quando for considerado para uma promoção, deve estar claro para o chefe que você está desenvolvendo funções de alto nível há algum tempo.

Promova sua carreira certificando-se de que os gerentes conhecem as suas competências

Quantas vezes ouviu relatos de funcionários reclamando que não conseguiram um determinado projeto ou cargo porque o gerente não sabia que haviam feito um trabalho similar no passado? Não deixe que isso aconteça com você. Mostre aos gerentes as suas competências e habilidades que *não* são exigidas em seu cargo atual, mas que podem ser úteis no futuro.

Por exemplo, você descobriu que a empresa em que trabalha está adquirindo uma filial em outro país. Você morou lá durante cinco anos antes da faculdade, entende a cultura e é fluente na língua local. Certifique-se de que os gerentes certos conhecem o seu passado, pois essas habilidades podem ser consideradas parte de competências como "Sensibilidades multiculturais" ou "Entendimento interpessoal". Mesmo que tenha comentado, no passado, sobre a experiência nesse outro país, os gerentes podem ter esquecido. Essas competências podem não ser as mais importantes para o seu cargo, mas são benéficas para a empresa e podem conduzi-lo a novas oportunidades ou promoções e ajudá-lo a crescer.

Certifique-se de que o seu gerente está ciente das realizações e competências avaliadas frequentemente. Passe em seu escritório ou ligue para contar quanto está ansioso sobre o sucesso de um determinado projeto e relate o resultado (se, porventura, não souberem, relate o seu papel no projeto).

Envie para o gerente uma lista atualizada de suas últimas realizações antes de cada avaliação de desempenho

Você é responsável pelo desenvolvimento de sua carreira. Ao utilizar o sistema de monitoramento de competências, poderá informar os gerentes sobre suas realizações e sobre como está desenvolvendo suas competências. Isso poderá ajudá-lo a receber avaliações de desempenho mais precisas e, quem sabe, uma promoção importante. É possível, ainda, que você seja a próxima escolha de seu gerente para um projeto-chave motivador *e* que aumente seus conhecimentos e competências.

Ao atualizar suas listas de competências e de realizações, você deverá atualizar também o seu currículo, para que esteja sempre pronto para novas oportunidades. Considere entregar uma versão atualizada do currículo ao gerente, durante a avaliação de desempenho, caso saiba que está prestes a ser promovido ou receber novas funções. (Se fizer isso, lembre-se de explicar a ele que atualizou o currículo para esses fins e que está preparado para novas oportunidades dentro da empresa.) Isso pode ajudá-lo a se lembrar de competências que você demonstrou em empregos anteriores.

> **Dica:** Esta é uma sugestão específica: cerca de um mês antes da sua avaliação de desempenho, entregue ao gerente uma lista de competências descrevendo as realizações que desempenhou em cada área durante o período que será avaliado. Se utilizar o sistema de monitoramento de competências, deverá ser bem fácil reunir esses dados.

NOTA PARA GERENTES

Se você for gerente e seguir essas recomendações para sua carreira e seu departamento, poderá perceber o quanto é importante ter os funcionários envolvidos no processo. Dessa forma, eles terão uma parcela maior da responsabilidade de aumentar o nível de competência do departamento. Caso as competências em seu departamento já sejam de alto nível, esse envolvimento dos funcionários beneficiará toda a empresa.

NOTA PARA PROFISSIONAIS DE RECURSOS HUMANOS E TREINAMENTO

Identificar as lacunas de competência e desenvolver o treinamento para preenchê-las pode ser extremamente desafiador. Ao solicitar aos funcionários que atualizem o sistema de monitoramento de competências, você terá mais conhecimento sobre os déficits existentes e sobre o que é possível fazer para aprimorar o treinamento e preencher essas lacunas. Fazer os funcionários aderirem a esse processo vai garantir que "vistam a camisa" de seus treinamentos e aprimorem o conhecimento sobre as oportunidades para melhorar o nível de competência geral.

Conforme a necessidade por novas competências se torna evidente, você será capaz de auxiliar os gerentes a identificar funcionários disponíveis na empresa que demonstrem as competências certas para novas iniciativas, projetos e programas.

CONCLUSÃO

Redigir um currículo de alta qualidade, baseado em competências, é apenas o primeiro passo em direção ao gerenciamento eficaz de sua carreira em uma empresa que adota o sistema de competências. No entanto, é um passo muito importante.

Você aprendeu algumas sutilezas sobre as competências e sobre como descrever suas realizações que poderão ajudá-lo a ser mais bem-sucedido em sua empresa. Processos seletivos com base em competências são usados há vinte anos, e cada vez mais empresas buscam identificar competências e adotar essa abordagem. No ambiente de trabalho de hoje não basta ser esforçado, inteligente e bem-sucedido para garantir o sucesso. É preciso também ser perspicaz e aprender a fazer o sistema de sua empresa se adequar a você.

Neste livro, oferecemos algumas dicas para levar seu currículo ao topo da pilha. Lembre-se de que ele é apenas o pontapé inicial de quão longe você pode chegar se aprender a progredir em uma empresa focada em competências. Você pode ver o céu... E, dando esse primeiro passo, *poderá* chegar lá.

Não é a vontade de ganhar,
mas a vontade de se preparar para ganhar
que faz toda a diferença.

— Paul "Bear" Bryant

PONTOS-CHAVE DO CAPÍTULO 14

Você não pode ter uma reputação naquilo que ainda vai fazer.

— Henry Ford

Agora que fui contratado, como avanço na empresa?

É importante que entenda a cultura da organização e as competências que serão avaliadas assim que começar o seu novo emprego.

Quais são as formas práticas de se progredir em uma empresa que utiliza o sistema de competências?

Estabeleça um sistema de monitoramento com base em competências. Inclua as realizações relacionadas às competências identificadas para seu cargo atual e para os cargos que deseja para o futuro.

Como posso promover minhas competências?

Aprender a promover suas competências fará uma enorme diferença em sua carreira. Isso pode ser feito da seguinte forma:

1. Estabeleça um sistema de monitoramento de suas competências e realizações.
2. Mantenha seu currículo baseado em competências atualizado.
3. Desenvolva as suas competências mais importantes para atingir um nível mais alto.
4. Identifique e supere as lacunas em suas competências.
5. Agregue novas competências que poderão ser importantes para cargos futuros.

6. Promova sua carreira certificando-se de que os gerentes conheçam suas competências.
7. Envie uma lista atualizada de suas últimas realizações ao gerente antes de cada avaliação de desempenho.

Apêndice A
Lista de competências-chave

I. COMPETÊNCIAS PARA LIDAR COM PESSOAS

O grupo de liderança

- Estabelecer o foco: desenvolver e comunicar objetivos embasados na missão da empresa.
  - Buscar alinhar as metas da unidade em que trabalha com o direcionamento estratégico da empresa.
  - Assegurar que os funcionários de uma determinada unidade compreendem como o seu trabalho está relacionado à missão da empresa.
  - Assegurar que todos os funcionários compreendem e se identificam com a missão da empresa.
  - Levar o departamento a desenvolver planos e objetivos para ajudar a realizar a missão da empresa.

- Proporcionar apoio motivacional: aumentar o comprometimento de outros funcionários com o trabalho.
  - Reconhecer e recompensar funcionários por suas conquistas.
  - Reconhecer e agradecer aos colaboradores por suas contribuições.
  - Demonstrar orgulho pela equipe e encorajar os funcionários a se sentirem bem com as suas realizações.
  - Encontrar formas criativas de recompensar o trabalho dos colaboradores.
  - Demonstrar compromisso com o processo, estando presente e envolvido com os principais eventos.
  - Identificar e enfrentar problemas de comprometimento.
  - Oferecer palestras e apresentações que estimulem as equipes.

- Promover o trabalho em equipe: como um membro da equipe, demonstrar capacidade e desejo de trabalhar com os demais de forma cooperativa. Na condição de líder, ter a capacidade de demonstrar interesse, habilidades e sucesso em levar os grupos a trabalharem juntos.

  Comportamento para membros da equipe
  - Escutar as ideias de outros membros da equipe e respondê-las de forma construtiva.
  - Oferecer apoio às ideias e propostas de outros membros da equipe.

- Estar disponível para ouvir as preocupações dos demais membros da equipe.
- Expressar divergência de opinião de forma construtiva.
- Reforçar as contribuições dos membros da equipe.
- Fornecer comentários construtivos e honestos a outros membros da equipe.
- Oferecer assistência aos demais, quando necessitarem.
- Buscar soluções aprovadas por todos os membros da equipe.
- Compartilhar a experiência com os demais.
- Procurar oportunidades para trabalhar com equipes para desenvolver experiência e conhecimento.
- Oferecer auxílio, informação ou apoio aos demais para estabelecer ou manter relacionamentos.

Comportamento para líderes de equipe

- Oferecer oportunidades para os membros do grupo aprenderem a trabalhar em equipe.
- Estimular a participação ativa de todos.
- Promover a cooperação com outras unidades de trabalho.
- Garantir que todos os membros da equipe sejam tratados de forma justa.
- Reconhecer e encorajar os comportamentos que contribuem para o trabalho em equipe.

- Delegar tarefas: transmitir confiança na capacidade dos funcionários serem bem-sucedidos, especialmente em tarefas novas e desafiadoras. Delegar autoridade e responsabilidade, permitindo que os funcionários tenham liberdade para decidir como realizarão seus objetivos e demais questões.
  - Possibilitar que os funcionários tenham a liberdade de tomar decisões em sua própria esfera de trabalho.
  - Permitir que outros membros do grupo tomem decisões e liderem.
  - Encorajar indivíduos e grupos a definirem seus próprios objetivos, de acordo com os objetivos da empresa.
  - Expressar confiança na capacidade dos membros do grupo de serem bem-sucedidos.
  - Encorajar os grupos a resolverem problemas sozinhos, evitando oferecer soluções.
- Gerenciar mudanças: demonstrar apoio a inovações e a mudanças necessárias para melhorar a efetividade da empresa; iniciar, promover e implementar a mudança organizacional, ajudando os demais a lidar de forma bem-sucedida com essas novas situações.

Comportamento dos funcionários

- Desenvolver um novo método ou nova abordagem pessoal.
- Propor novos métodos, abordagens ou tecnologias.

- Desenvolver métodos melhores, mais rápidos ou menos dispendiosos para a execução do trabalho.

Comportamento do gerente/líder

- Trabalhar de forma cooperativa para produzir soluções inovadoras.
- Assumir a liderança ao definir novas direções de negócios, parcerias, políticas ou procedimentos.
- Perceber oportunidades para influenciar futura direção de uma unidade organizacional ou do negócio de forma geral.
- Auxiliar os funcionários a desenvolver um entendimento claro a respeito do que precisam fazer como resultado de mudanças na empresa.
- Implementar ou apoiar várias mudanças nas atividades da gestão.
- Estabelecer estruturas e processos para planejar e gerenciar a implementação metódica de mudanças.
- Ajudar indivíduos e grupos a controlar a ansiedade associada a mudanças importantes.
- Facilitar grupos ou equipes durante o processo de solução de problemas e análise criativa, conduzindo ao desenvolvimento e à implementação de novas abordagens, sistemas, estruturas e métodos.

- Desenvolvendo outros membros da equipe: delegar responsabilidades e trabalhar com outros membros da equipe assessorando o desenvolvimento de suas capacidades.

  - Oferecer pareceres úteis na área comportamental.
  - Compartilhar informações, conselhos e sugestões para ajudar os demais a serem bem-sucedidos. Proporcionar treinamento eficaz.
  - Oferecer aos membros da equipe trabalhos que ajudarão a desenvolver suas capacidades.
  - Reunir-se regularmente com funcionários para avaliar o progresso no desenvolvimento.
  - Reconhecer e reforçar os esforços de desenvolvimento e aperfeiçoamento.
  - Expressar confiança na capacidade de outros de serem bem-sucedidos.

- Gerenciar o desempenho: assumir responsabilidade pelos atos ou pelo desempenho dos funcionários ao estabelecer metas e expectativas claras, monitorando o progresso, oferecendo pareceres e direcionando problemas em questões relativas a desempenho.

Comportamento dos funcionários

- Estabelecer junto ao gerente metas específicas, mensuráveis e realistas, mas desafiadoras e com prazo de realização.
- Esclarecer com o gerente as expectativas sobre o que e como fazer.

- Recorrer ao apoio do gerente para obter informações, recursos e treinamento necessários para realizar o trabalho de forma eficaz.
- Notificar prontamente o gerente sobre qualquer problema que afete a capacidade de atingir metas planejadas.
- Solicitar, do gerente e de colegas de trabalho, um parecer a respeito de seu desempenho.
- Preparar um planejamento para desenvolvimento pessoal com metas específicas e um cronograma para as realizações.
- Adotar medidas significativas para desenvolver habilidades necessárias para a eficiência no trabalho, no cargo atual ou no futuro.

Comportamento do gerente/líder

- Garantir que os funcionários tenham responsabilidades e objetivos claros.
- Trabalhar com funcionários para estabelecer e comunicar padrões de desempenho específicos e mensuráveis.
- Apoiar funcionários em seus esforços para atingir metas de trabalho.
- Manter-se informado sobre o progresso e o desempenho de funcionários por meio de métodos formais e informais.
- Fornecer pareceres de desempenho, tanto positivo quanto negativo, logo após uma ocorrência.
- Lidar de forma firme e rápida com problemas de desempenho. Permitir que as pessoas saibam o que é esperado delas e quando.

Grupo de comunicação e influência

- Atenção à comunicação: capacidade de garantir que a informação seja repassada às pessoas que devem ser informadas.

  - Garantir que outras pessoas envolvidas no projeto sejam informadas sobre o seu desenvolvimento e planos.
  - Assegurar que as informações importantes da sua gestão sejam compartilhadas com funcionários e com outras pessoas adequadas.
  - Dividir ideias e informações com outras pessoas que possam ser úteis ao processo.
  - Utilizar múltiplos canais ou meios para comunicar mensagens importantes.
  - Manter o gerente informado sobre o progresso e possíveis problemas, evitando surpresas.
  - Assegurar a comunicação clara e consistente.

- Comunicação oral: capacidade de se expressar claramente em conversas e interações com outras pessoas.

  - Se expressar com clareza e ser facilmente compreendido.
  - Adaptar o conteúdo do discurso ao nível e experiência do público.
  - Usar gramática e palavras adequadas nos discursos.
  - Organizar ideias de forma clara em discursos.
  - Expressar ideias concisas nos discursos.

- Manter contato visual ao se dirigir a outras pessoas.
- Resumir ou parafrasear o entendimento acerca do que outras pessoas disseram, para verificar a compreensão e prevenir falha de comunicação.

■ Comunicação escrita: se expressar claramente em textos comerciais.

- Expressar ideias claras e concisas.
- Organizar claramente as ideias e sinalizar a empresa para o leitor.
- Adequar a comunicação escrita para alcançar o público de forma eficaz.
- Utilizar gráficos e outros suportes para esclarecer informações técnicas ou complexas.
- Utilizar ortografia correta.
- Escrever com linguagem específica e prática.
- Utilizar a pontuação corretamente.
- Preocupar-se com as regras gramaticais.
- Utilizar escrita comercial apropriada.

■ Comunicação persuasiva: planejar e transmitir uma informação oral e escrita que seja impactante e persuasiva para o público-alvo.

- Identificar e apresentar a informação ou dados que afetarão outras pessoas.
- Selecionar linguagem e exemplos adequados ao nível de experiência do público.
- Selecionar histórias, analogias ou exemplos para ilustrar um argumento.

- Criar gráficos ou slides que apresentem a informação de forma clara e com alto impacto.
- Apresentar argumentos distintos para sustentar uma posição.

■ Consciência interpessoal: perceber, interpretar e antecipar as preocupações e sensações de outras pessoas e comunicar esta percepção com empatia.

- Entender os interesses e preocupações de outras pessoas.
- Perceber e interpretar corretamente o que outras pessoas estão sentindo com base na escolha das palavras, tom de voz, expressão e outros comportamentos não verbais.
- Antecipar o modo como outras pessoas reagirão em uma situação.
- Escutar atentamente as ideias e preocupações dos outros.
- Compreender os pontos fortes e fracos de outras pessoas.
- Compreender o significado subliminar de uma situação.
- Elaborar frases ou tomar atitudes para direcionar as preocupações de outros.
- Encontrar formas não ameaçadoras de abordar pessoas sobre assuntos delicados.
- Fazer com que os outros sintam-se confortáveis ao mostrar interesse pelo que eles têm a dizer.

- Influenciar outros: obter apoio a ideias, propostas, projetos e soluções.
  - Apresentar argumentos que direcionam a maioria das preocupações e questões para identificar soluções em que todos são beneficiados.
  - Envolver outras pessoas no processo ou nas decisões para assegurar apoio.
  - Oferecer compensações ou trocas de interesse para conseguir comprometimento.
  - Identificar e propor soluções que beneficiem todas as partes envolvidas em uma dada situação.
  - Citar especialistas ou terceiros para influenciar outras pessoas.
  - Desenvolver estratégias indiretas para influenciar outras pessoas.
  - Saber transmitir questões críticas para a gerência quando os seus próprios esforços não obtiverem os resultados esperados.
  - Estruturar situações para criar o impacto desejado e para maximizar as chances de um desfecho favorável.
  - Esforçar-se para impressionar os outros.
  - Identificar e direcionar esforços para convencer as pessoas realmente importantes e aqueles que podem influenciá-las.
  - Construir relacionamentos que possam fornecer informações, inteligência comercial, apoio de carreira, negócios em potencial e outras formas de ajuda.
  - Demonstrar interesse pessoal em outras pessoas para desenvolver relacionamentos.

- Antecipar as implicações de eventos ou decisões para partes interessadas da empresa, e planejar as estratégias adequadas.

■ Construção de relações colaborativas: desenvolver, manter e estreitar parcerias, dentro e fora da organização, que possam fornecer informação, auxílio e apoio.

- Perguntar sobre as experiências de outras pessoas, os seus interesses e família.
- Fazer perguntas para identificar interesses comuns, experiências ou outros pontos em comum.
- Demonstrar interesse no que as pessoas têm a dizer e reconhecer suas perspectivas e ideias.
- Reconhecer as preocupações de negócio e perspectivas de outras pessoas.
- Demonstrar gratidão e apreço aos que proporcionaram informação, auxílio ou suporte.
- Disponibilizar tempo para conhecer seus colegas de trabalho e estabelecer harmonia e criar um elo comum.
- Buscar relações com pessoas cuja assistência, cooperação e apoio possam ser necessários.
- Fornecer assistência, informação e apoio a outras pessoas para construir as bases para reciprocidade futura.

■ Orientação ao cliente: demonstrar preocupação para satisfazer os clientes internos e externos.

- Solucionar problemas dos clientes de forma rápida e eficaz.

- Conversar com o cliente para descobrir o que deseja e o nível de satisfação com o serviço ou produto oferecido.
- Permitir que os clientes saibam que ele gostaria de trabalhar para eles e suprir suas necessidades.
- Encontrar formas de mensurar e monitorar a satisfação do cliente.
- Apresentar comportamento cordial e positivo no trato com o cliente.

II. AS COMPETÊNCIAS PARA TRATAR DE NEGÓCIOS

Grupo para prevenção e solução de problemas

- Compilação de informação diagnóstica: identificar a informação necessária para esclarecer uma determinada situação. Procurar a informação em fontes apropriadas e adotar um questionamento hábil para extraí-la caso os demais estejam relutantes em compartilhar a informação.
  - Identificar a informação necessária para esclarecer uma situação ou adotar uma decisão.
  - Buscar informação mais completa e precisa verificando fontes distintas.
  - Descobrir os fatos de maneira hábil quando outras pessoas estiverem relutantes em fornecer informação completa e detalhada.
  - Verificar regularmente como as pessoas estão e saber sobre qualquer problema que estejam enfrentando.

- Perguntar a outras pessoas se elas têm planos de ação.
- Questionar os demais para avaliar os níveis de confiança para solucionar problemas ou lidar com alguma situação específica.
- Fazer perguntas para esclarecer a situação.
- Buscar ouvir a perspectiva de todos os envolvidos em uma situação.
- Procurar pessoas bem informadas para esclarecer problemas.

■ Pensamento analítico: enfrentar um problema utilizando uma abordagem lógica, sistemática e sequencial.

- Fazer comparações sistemáticas entre duas ou mais alternativas.
- Perceber discrepâncias e inconsistências na informação disponível.
- Identificar o conjunto de características, parâmetros e considerações a serem levados em conta para analisar uma situação ou tomar uma decisão.
- Abordar tarefas complexas ou problemas, dividindo-os em partes e analisando cada parte de forma detalhada.
- Pesar os custos, benefícios, riscos e chances de sucesso de uma decisão.
- Identificar várias possíveis causas para o problema.
- Pesar com cuidado as prioridades das ações a serem tomadas.

- Visão de futuro: antecipar as implicações e consequências de situações e adotar as medidas necessárias, preparando-se para possíveis contingências.

  - Antecipar possíveis problemas e desenvolver, com antecedência, planos de contingência.
  - Perceber as tendências na indústria ou no mercado e desenvolver planos para se preparar para oportunidades ou problemas.
  - Antecipar as consequências das situações e se planejar de acordo com elas.
  - Antecipar o modo como os indivíduos e grupos reagirão a situações e informações. Planejar de acordo com esses dados.

- Pensamento conceitual: encontrar soluções eficazes ao adotar uma perspectiva holística, abstrata ou teórica.

  - Perceber similaridades entre diferentes situações aparentemente não relacionadas.
  - Identificar com rapidez as questões centrais ou subjacentes a uma situação complexa.
  - Criar diagramas gráficos que mostrem a situação de modo sistemático.
  - Desenvolver analogias ou metáforas para explicar uma situação.
  - Levantar hipóteses para entender uma situação específica.

- Pensamento estratégico: analisar a competitividade da empresa, considerando as tendências de mercado e de indústria, a existência de clientes em potencial e os pontos fortes e fracos em comparação com o concorrente.

- Entender os pontos fortes e fracos da empresa em comparação com o concorrente.
- Entender a maneira como as tendências da indústria e do mercado afetam a competitividade da empresa.
- Desenvolver um entendimento profundo sobre os produtos e serviços que competem no mercado.
- Desenvolver e propor estratégias a longo prazo, baseadas na análise da indústria e do mercado atual, além do potencial da empresa em comparação ao do concorrente.
- Conhecimento técnico: demonstrar a profundidade de conhecimento e a habilidade técnica na área.
- Fazer uso do conhecimento técnico de forma eficaz para resolver uma gama de problemas.
- Possuir habilidade técnica e conhecimentos significativos na área.
- Desenvolver soluções técnicas para os problemas novos ou altamente complexos que não podem ser resolvidos pelos métodos ou abordagens existentes.
- Ser visto como especialista em oferecer conselhos ou soluções em sua área técnica.
- Manter-se informado sobre tecnologia de ponta em sua área.

Grupo para alcançar resultados

- Iniciativa: identificar o que precisa ser feito e adotar as medidas necessárias antes de ser solicitado ou de que seja exigido pela situação.
  - Identificar o que precisa ser feito e agir antes de ser solicitado ou de que seja exigido pela situação.
  - Fazer mais do que é normalmente exigido em uma situação.
  - Procurar outras pessoas envolvidas na situação para conhecer suas perspectivas.
  - Adotar ações independentes para mudar a direção dos eventos.

- Orientação empreendedora: buscar oportunidades de negócios lucrativos; vontade de assumir riscos calculados para atingir metas.
  - Perceber e apreender oportunidades rentáveis.
  - Estar a par do negócio, indústria e informação de mercado que possa revelar novas oportunidades.
  - Demonstrar vontade de assumir riscos calculados para atingir metas.
  - Propor acordos inovadores a clientes, fornecedores e parceiros em potencial.
  - Estimular e apoiar o comportamento empreendedor em outras pessoas.

- Previsão de negócios: desenvolver, patrocinar ou apoiar a introdução de métodos, produtos, tecnologias ou procedimentos novos e aprimorados.
  - Desenvolver um novo produto ou serviço.
  - Estabelecer um novo método ou abordagem.
  - Patrocinar o desenvolvimento de novos produtos, serviços, métodos ou procedimentos.
  - Propor novas abordagens, métodos ou tecnologias.
  - Descobrir formas melhores, mais rápidas e econômicas para as ações necessárias.
  - Trabalhar em cooperação com outros para produzir soluções inovadoras.

- Orientação para resultados: focar no resultado desejado, seja ele pessoal ou da empresa, estabelecendo metas desafiadoras. Concentrar o esforço nas metas, atingindo-as ou excedendo-as.
  - Desenvolver metas desafiadoras, mas possíveis.
  - Estabelecer metas claras para reuniões e projetos.
  - Manter o comprometimento com as metas a despeito de obstáculos e frustrações.
  - Encontrar ou criar formas de mensurar o desempenho ao buscar atingir metas.
  - Esforçar-se para atingir metas dentro do prazo.
  - Apresentar forte sentimento de urgência para resolver problemas e concluir o trabalho.

- Meticulosidade: garantir que o trabalho e a informação estão completos e corretos. Preparar as reuniões e apresentações de forma cuidadosa e acompanhar os desempenhos para garantir que acordos e comprometimentos sejam cumpridos.

- Estabelecer procedimentos para garantir a alta qualidade do trabalho.
- Monitorar a qualidade do trabalho.
- Verificar informações.
- Verificar a precisão de seu trabalho e dos demais.
- Desenvolver e utilizar um sistema para organizar e acompanhar a informação ou trabalho em progresso.
- Preparar reuniões e apresentações com cuidado.
- Organizar a informação ou o material para outros membros da equipe.
- Analisar e verificar a precisão da informação nos relatórios de trabalho fornecidos pelos gerentes de TI e outros indivíduos e grupos.

■ Determinação: tomar decisões em tempo hábil.

- Mostrar-se disposto a tomar decisões em situações ambíguas ou difíceis, quando o tempo é crítico.
- Assumir a liderança do grupo quando for necessário para acelerar a mudança, superar um obstáculo, enfrentar questões ou garantir a implementação de decisões.
- Tomar decisões difíceis.

III. COMPETÊNCIAS EM AUTOGESTÃO

- Autoconfiança: acreditar na capacidade de ser bem-sucedido. Disponibilidade em assumir uma posição independente, a despeito de opiniões contrárias.
  - Ser confiante de suas próprias capacidades para atingir objetivos.
  - Apresentar-se de forma sóbria e impressionante.
  - Falar com a pessoa ou grupo na hora em que discordar da decisão ou estratégia.
  - Abordar tarefas desafiadoras com uma atitude positiva.

- Gerenciamento de estresse: operar de forma eficaz quando pressionado e manter o autocontrole frente à hostilidade e provocação.
  - Permanecer calmo sob pressão.
  - Lidar de forma eficaz com diferentes problemas ou tarefas de uma só vez.
  - Controlar sua resposta quando criticado, atacado ou provocado.
  - Manter o senso de humor em circunstâncias difíceis.
  - Gerenciar o próprio comportamento para prevenir ou reduzir estresse.

- Credibilidade pessoal: demonstrar preocupação, o que pode ser percebido como uma atitude responsável, leal e confiável.
  - Fazer o que se compromete a realizar.
  - Respeitar a confidencialidade das informações ou preocupações expressas por outros.

- Ser honesto e franco com as pessoas.
- Assumir uma parte justa da carga de trabalho.
- Assumir responsabilidade por seus erros e não culpar outras pessoas.
- Transmitir a ordem e as informações relevantes sobre os fatos.

- Flexibilidade: ser aberto a diferentes e novas formas de realizar projetos; ter boa vontade para modificar seu modo preferencial de agir.

  - Ser capaz de ver os méritos e perspectivas dos demais.
  - Demonstrar abertura para novas tecnologias e novas estruturas e procedimentos organizacionais.
  - Mudar de estratégia ao perceber o fracasso da anterior.
  - Demonstrar boa vontade para mudar de opinião quando confrontado com evidências contrárias.

(Do livro *Profissionais disputados*, de Edward J. Cripe e Richard S. Mansfield)

Apêndice B
Competências típicas de acordo com as profissões

PROFISSIONAIS TÉCNICOS

Orientação para resultados

- Mensurar desempenho.
- Melhorar resultados.
- Estabelecer metas desafiadoras.
- Inovar.

Impacto e influência

- Utilizar persuasão direta, fatos e números.
- Fornecer apresentações adequadas ao público.
- Apresentar preocupação com reputação profissional.

Pensamento conceitual

- Reconhecer principais ações e problemas subjacentes.
- Fazer conexões e identificar padrões.

Pensamento analítico

- Antecipar obstáculos.
- Dividir problemas sistematicamente.
- Fazer conclusões lógicas.
- Perceber consequências e implicações.

Iniciativa

- Persistir em resolver problemas.
- Solucionar problemas antes de ser solicitado.

Autoconfiança

- Expressar confiança em seu bom senso.
- Procurar desafios e autonomia.

Entendimento interpessoal

- Compreender atitudes, interesses e necessidades de outros.

Preocupações com a ordem

- Procurar esclarecer papéis e informação.
- Verificar a qualidade do trabalho ou da informação.
- Manter registros.

Buscar informações

- Contatar diferentes fontes.
- Ler publicações da indústria para se manter atualizado.

Trabalho em equipe e cooperação

- Analisar os dados e solicitar contribuições.
- Compartilhar o crédito.

Experiência

- Expandir e usar conhecimento técnico.
- Apreciar o trabalho técnico e compartilhar conhecimento.

Orientação de serviço ao cliente

- Descobrir e suprir necessidades subjacentes de clientes internos e externos.

GERENTES

Impacto e influência

- Preocupar-se com o impacto pessoal.
- Calcular efeito das palavras ou ações em outras pessoas.
- Persuadir de forma direta e eficaz.
- Adaptar as apresentações de acordo com o público.
- Buscar ajuda de especialistas e terceiros.
- Fazer com que os demais membros do grupo se apropriem das soluções.

Orientação para resultados

- Avaliar resultados, pensar e falar sobre medições.
- Identificar formas melhores, mais eficientes e mais rápidas de agir.
- Estabelecer metas específicas e desafiadoras.
- Analisar o custo-benefício.
- Assumir riscos calculados.
- Preocupar-se com a inovação.
- Fazer com que os funcionários com bom desempenho aprimorem suas ações ainda mais.

Trabalho em equipe e cooperação

- Solicitar opinião e envolver outras pessoas em questões que podem afetá-las.
- Reconhecer e compartilhar o crédito.
- Encorajar e fortalecer o grupo.
- Trabalhar para melhorar a moral do grupo e desenvolver o trabalho e a cooperação em equipe.
- Resolver conflitos.

Pensamento analítico

- Perceber implicações ou consequências.

- Analisar a situação de forma sistemática para determinar causas ou consequências.
- Antecipar obstáculos e planejar estratégias.
- Pensar adiante sobre as ações de trabalho.
- Analisar o que é necessário para atingir as metas.

Iniciativa

- Aproveitar oportunidades assim que elas surgem.
- Lidar com crises de forma rápida e eficaz.
- Mostrar tenacidade e persistência em atingir objetivos.
- Ter boa vontade para trabalhar longas horas, se necessário.

Desenvolvendo outros

- Fornecer pareceres construtivos.
- Proporcionar tranquilidade e encorajamento após dificuldades.
- Assessorar.
- Fornecer treinamento ou trabalhos específicos voltados para o desenvolvimento.

Autoconfiança

- Ter confiança em sua própria capacidade e julgamento.
- Gostar de tarefas desafiadoras.
- Questionar e desafiar ações de superiores.
- Assumir a responsabilidade pelos problemas.

Entendimento interpessoal

- Entender atitudes, interesses, necessidades e perspectivas dos demais.
- Interpretar o comportamento não verbal, entender sentimentos e humores.
- Saber o que motiva outras pessoas.
- Entender os pontos fortes e as limitações de outras pessoas.

- Entender os motivos para o comportamento de outras pessoas.

Assertividade

- Estabelecer limites.
- Dizer não quando necessário.
- Definir padrões e desempenho de demandas.
- Confrontar problemas de desempenho.

Busca por informações

- Compilar informações sistematicamente.
- Buscar informações em fontes distintas.
- Tentar entender melhor a situação.

Liderança de equipe

- Estabelecer e comunicar os altos padrões de desempenho do grupo.
- Defender a equipe em relação à maior parte da empresa.
- Obter os recursos necessários para o grupo.

Pensamento conceitual

- Ver conexões ou padrões pouco óbvios para outras pessoas.
- Perceber inconsistências ou discrepâncias.
- Identificar as principais questões ou ações em situações complexas.
- Usar analogias vigorosas e originais, ou metáforas.

Consciência organizacional e construção de relacionamentos

Experiência/conhecimento especializado

- Julgar o que é meta desafiadora, mas atingível, e o que é risco moderado.

PROFISSIONAL DE VENDAS

Impacto e influência

- Mostrar credibilidade.
- Endereçar questões do cliente e preocupações em geral.
- Exercer influência indireta.
- Prever os efeitos de suas próprias palavras e ações.

Orientação para resultados

- Estabelecer metas desafiadoras e atingíveis.
- Utilizar o tempo de forma eficaz.
- Melhorar operações com clientes.
- Focar na oportunidade de lucro.

Iniciativa

- Persistir — não desistir facilmente.
- Aproveitar oportunidades.
- Responder a ameaças da competição.

Entendimento interpessoal

- Analisar o comportamento não verbal.
- Entender as atitudes e os sentimentos de outras pessoas.
- Prever a reação de outras pessoas.

Orientação de serviço ao cliente

- Fazer esforço extra para suprir as necessidades do consumidor.
- Identificar as necessidades subjacentes dos clientes.
- Acompanhar contatos e reclamações de clientes.
- Tornar-se um conselheiro confiável para clientes.

Autoconfiança

- Ter confiança em sua capacidade.
- Assumir desafios.
- Ser otimista.

Construção de relacionamento

- Manter amizades no ambiente de trabalho.
- Possuir e tirar proveito de sua rede de contatos.

Pensamento analítico

- Antecipar e se preparar para obstáculos.
- Pensar em diferentes explicações ou planejamentos.

Pensamento conceitual

- Buscar conhecimento empírico.
- Perceber similaridades entre o passado e o presente.

Busca por informações

- Obter informações de diversas fontes.

Consciência corporativa

- Entender o funcionamento da empresa do cliente.

Conhecimento técnico

- Possuir conhecimento técnico ou sobre o produto.

PROFESSORES UNIVERSITÁRIOS/ PROFESSORES

Orientação focada no aluno

- Ter expectativas positivas dos alunos.
- Atentar às preocupações estudantis.

Criar um contexto que viabiliza o aprendizado de adultos

- Entender as referências do aluno.
- Estabelecer reciprocidade e harmonia.
- Cultivar o interesse acadêmico.

Fundamentar objetivos de aprendizado por meio de análise das necessidades dos alunos

- Buscar informações sobre os alunos.
- Diagnosticar.
- Prescrever ações.

Orientação ao aprendizado humanístico

- Valorizar o processo de aprendizado.
- Ter conhecimento especializado como fonte.

Facilitar o processo de aprendizado

- Encarar as preocupações dos alunos de um ponto de vista pedagógico.
- Estruturar processos para facilitar o aprendizado ativo dos alunos.
- Adaptar-se às demandas circunstanciais.
- Responder a sugestões não verbais.

PROFISSIONAIS DA ÁREA SOCIAL E DE SAÚDE

Impacto e influência

- Mostrar credibilidade.
- Adequar apresentações e linguagem ao público.
- Influenciar a estratégia individual.
- Utilizar exemplos bem-humorados, linguagem corporal, voz.

Desenvolvimento de pessoas

- Apresentar um método inovador de ensino.
- Responder de maneira flexível às necessidades individuais.
- Acreditar no potencial do aluno.

Entendimento interpessoal

- Estar disponível para ouvir os problemas dos outros.
- Estar atento aos sentimentos e humor de outras pessoas.
- Entender linguagem corporal.
- Estar atento à formação, necessidade e interesses de outras pessoas.
- Ser capaz de entender situações a longo prazo com profundidade.

Autoconfiança

- Confiar em suas capacidades e julgamento.
- Assumir responsabilidade de problemas e falhas.
- Questionar e fornecer sugestões a superiores.

Autocontrole

- Não deixar as emoções interferirem no trabalho.
- Evitar envolvimento inapropriado com clientes etc.
- Ser resistente a estresse — ter alto grau de vitalidade e bom humor.

Outras competências pessoais eficazes

- Autoavaliar-se de forma precisa — aprender com os próprios erros.
- Acreditar que o trabalho seja agradável.
- Ter comprometimento organizacional — se adequar à missão.
- Gostar genuinamente de pessoas.
- Manter expectativa positiva de outras pessoas.

Conhecimento profissional

- Expandir e utilizar conhecimento profissional.

Orientação de atendimento ao cliente

- Descobrir e tentar reconhecer necessidades subjacentes.
- Responder perguntas, pedidos e reclamações.

Trabalho em equipe e cooperação

- Solicitar a opinião dos outros. Cooperar e dar crédito a outras pessoas.

Pensamento analítico

- Perceber relações causais e fazer interferências.
- Dividir problemas complexos de forma sistemática.

Pensamento conceitual

- Reconhecer padrões.
- Utilizar conceitos para diagnosticar situações.
- Fazer conexões, desenvolver teorias.
- Simplificar/esclarecer questões difíceis.

Iniciativa

- Fazer mais do que o exigido no trabalho.
- Responder de forma rápida e decisiva em momentos de crise.

Assertividade
- Estabelecer limites e dizer não quando necessário.
- Confrontar problemas comportamentais.

Flexibilidade
- Adaptar o estilo e a tática às circunstâncias.

(Do livro *Competence at Work: Models for Superior Performance* [*Competência no trabalho: modelos para um desempenho de qualidade*, em tradução livre], de Lyle M. Spencer, Jr., Ph.D. e Signe M. Spencer).

Apêndice C
Competências que serão importantes no futuro

Executivos

Pensamento estratégico	Capacidade de entender rapidamente mudanças de tendências ambientais, oportunidades de mercado, ameaças da competição e os pontos fortes e fracos da empresa para identificar a melhor resposta estratégica.
Mudança de liderança	Capacidade de comunicar uma visão convincente da estratégia da empresa de forma a se adaptar e tornar mudanças possíveis e desejáveis.
Gestão de relacionamento	Capacidade de estabelecer relacionamentos (sem autoridade direta) e influenciar pessoas que necessitam de cooperação.

Gerentes

Flexibilidade	Boa vontade e capacidade de mudar a estrutura de gerenciamento e processos, quando necessário, para implementar mudanças na estratégia da empresa.
Implementação de mudanças	Capacidade de comunicar as necessidades de mudanças aos membros do departamento ou da empresa.
Inovação empreendedora	Motivação para dominar novos produtos, serviços e processos.
Entendimento interpessoal	Capacidade de entender e valorizar ideias de diversas pessoas.
Delegar tarefas	Usa o gerenciamento comportamental para que os funcionários sintam-se mais capazes e motivados para assumir grandes responsabilidades.
Facilitador de equipe	Habilidade em conseguir que diversos grupos trabalhem juntos de forma eficaz.
Adaptabilidade intercultural	Capacidade de adaptar-se rapidamente e de funcionar de forma eficaz em qualquer ambiente externo.

Funcionários

Flexibilidade	Capacidade de ver as mudanças como oportunidades, e não como ameaça.
Motivação para procurar informações/ capacidade de aprendizado	Entusiasmo para aprender novas técnicas e habilidades interpessoais.

Orientação para resultados	Desejo de alcançar, inovar e continuamente melhorar a qualidade, produtividade e competitividade.
Motivação para trabalhar sob pressão	Capacidade de trabalhar mediante aumento de demandas por produtos e serviços em menos tempo.
Colaboração	Capacidade de trabalhar de forma colaborativa em grupos multidisciplinares com diversos colegas de trabalho.
Orientação de atendimento ao cliente	Desejo genuíno de ajudar as pessoas. Capacidade de entender as necessidades dos clientes, superar obstáculos e resolver problemas de clientes.

(Do livro *Competence at Work: Models for Superior Performance*, de Lyle M. Spencer, Jr., Ph.D. e Signe M. Spencer).

Apêndice D
Referências rápidas para as cartas de sondagem baseadas em competências

Uma carta de sondagem baseada em competências pode ser redigida quando se está interessado em trabalhar para uma determinada empresa e não há anúncios de vaga (ou você simplesmente não ficou sabendo de nenhum edital de convocação). **O desafio é criar a necessidade de um cargo.** Se você optou por enviar este tipo de carta, lembre-se de redigi-la enfatizando as demandas (competências) exigidas pela empresa. Abaixo, estão listados alguns tópicos que você deve se perguntar ao fazer a pesquisa:

- A empresa XYZ está abrindo uma nova divisão/fábrica em minha área:
  - Eles precisarão de um profissional em minha área de atuação?
  - Que competências devem ser demonstradas para que eu possa ser contratado?
  - As minhas competências são boas o suficiente para a nova divisão?

- Como as minhas competências podem ajudar a empresa que está apresentando problemas?
- Eu tenho uma ótima ideia para um novo produto/serviço. Como posso demonstrar a minha ideia e experiência para a empresa?

Ao concluir a pesquisa e determinar como pode auxiliar a empresa, você estará pronto para redigir uma **carta de sondagem baseada em competências**.

Etapas	Ação	✓
1. Pesquise as competências que a empresa pode necessitar para os cargos em sua área de atuação.	Faça uma lista de competências que devem constar em seu currículo e em sua carta de apresentação.	
2. Identifique o funcionário adequado para enviar a carta.	Redija a carta direcionada para o funcionário que pode tomar a decisão de contratá-lo. Os gerentes e supervisores podem ser identificados no site da empresa ou no diretório da associação. Se não os encontrar, você pode tentar telefonar para a empresa e perguntar. Certifique-se de que redigiu o nome corretamente.	

Etapas	Ação	✓
3. Escreva o primeiro parágrafo.	O parágrafo de abertura deve ser dinâmico, criar uma demanda e explicitar o motivo de envio da carta. De que cargo você acredita que a empresa necessita? Seja enérgico (utilize verbos de ação) e positivo. Utilize termos ligados às competências, ou sinônimos. Explicite como pode contribuir para o sucesso da empresa.	
4. Escreva os parágrafos intermediários.	• Mencione alguns exemplos, ilustrando como você está apto a desenvolver as competências necessárias para a empresa. • Utilize exemplos/realizações diferentes dos que aparecem em seu currículo. • Explicite como pode auxiliá-los (na redução de custos, em gerar receita, reduzir o tempo gasto etc.) ao enfatizar como as suas competências, pontos fortes e habilidades são valiosas para endereçar os desafios da empresa ou para capitalizar novas oportunidades.	

Etapas	Ação	✓
5. Escreva a conclusão.	1. Deixe claro o que deseja da empresa. Pode ser: • Uma entrevista. • Uma reunião para debater as necessidades da empresa. • O nome do funcionário responsável pela contratação. 2. Não se esqueça de informar que entrará em contato num futuro próximo (ou dentro de uma semana) para acompanhamento do processo. 3. Envie o currículo anexo.	

Apêndice E
Como redigir cartas de agradecimento com base em competências

PREPARANDO-SE PARA REDIGIR A SUA CARTA

Durante a entrevista, lembre-se de solicitar os cartões de visita dos entrevistadores.

As cartas de agradecimento também podem ser enviadas via e-mail, cartões ou pelo correio.

1. Faça anotações *imediatamente* após a entrevista. Questione-se o seguinte:
    a. Quais *competências* são cruciais para a empresa (para o cargo a que estou me candidatando)?
    b. Deixei de mencionar, enfatizar ou incluir em meu currículo alguma *competência* citada durante a entrevista?
    c. O que cada entrevistador pontuou que me interessou em especial?
    d. Deveria ter explicado alguma questão de forma mais extensa? Houve algum tema que gostaria de discutir, mas deixei de fora?

e. O que mais aprendi sobre a empresa durante a entrevista?
   f. O que apreendi sobre a cultura da empresa e o estilo de gestão?
   g. O que achei da entrevista?

2. Ao endereçar sua carta de agradecimento, utilize os cartões de visita coletados durante a entrevista.
   a. Certifique-se de que todos os nomes e cargos estão redigidos corretamente.
   b. Direcione cada carta de agradecimento para o entrevistador específico.

REDAÇÃO DA CARTA DE AGRADECIMENTO COM BASE NAS COMPETÊNCIAS

1. Afirme ter apreciado a entrevista e agradeça o entrevistador.
2. Acrescente algo *novo* sobre como está convencido de que você atende às necessidades da empresa.
   a. Identifique como suas *competências* beneficiarão a empresa (ou o departamento).
   b. Lembre-se de explicar como você pode auxiliar a empresa a ser mais bem-sucedida (ou seja, como você irá gerar receita ou reduzir o tempo das operações). **Trate das necessidades da empresa pela perspectiva dos empregadores, e não da sua.**
   c. Relacione seus comentários com algo que foi dito na entrevista. (Exemplo: *Fiquei particularmente impressionado quando falou sobre...*)

3. Ressalte que está interessado no cargo e disponível para responder perguntas adicionais. Inclua um número de telefone para facilitar o contato.
4. Antes da assinatura inclua:
   a. "Atenciosamente,". (Redija o termo sempre com a inicial em caixa-alta e acrescente uma vírgula no final.)
5. Faça a edição final. Certifique-se de:
   a. Verificar os nomes e cargos.
   b. Utilizar a terminologia da empresa (ou sinônimos) em sua carta.
   c. Verificar a gramática e a pontuação e procurar por redundâncias.
   d. Enviar o e-mail um dia após a entrevista. Evite enviá-lo entre meia-noite e 6 horas da manhã.
   e. Enviar cartas de agradecimento ou cartões pelo correio no máximo dois dias após a entrevista.

Dicas adicionais:

   a. Utilize o e-mail, a não ser que haja um bom motivo para não fazê-lo.
   b. Caso opte pelo envio do cartão, ele deve ser branco. Evite os cartões com a palavra "Obrigado". Escreva de forma legível.
   c. Se você tiver um cartão de visitas, pode acrescentá-lo ao envelope para facilitar o contato. Essa opção funciona melhor para alguns empregadores e surte efeito contrário em outros. Sendo assim, opte pelo que achar

mais adequado. Em geral, funciona melhor com empregadores menos formais. Utilize o seu julgamento.

d. Se optar pelo envio eletrônico da carta de agradecimento, certifique-se de usar as mesmas regras da carta formal. Utilize a gramática, a pontuação e o formato adequados.

A carta de agradecimento pode lhe oferecer algumas vantagens em relação aos demais candidatos, em especial quando for bem redigida.

Apêndice F
Os benefícios de sistemas de preenchimento com base em competências

O PROCESSO SE INICIA COM O CURRÍCULO BASEADO EM COMPETÊNCIAS!

As empresas que adotam o sistema com base em competências para a candidatura de novos funcionários poderiam apresentar resultados mais eficazes se desenvolvessem um "sistema de preenchimento de dados" ou "banco de dados". A participação ativa de funcionários ao criar e atualizar a lista de competências e realizações faz com que se sintam mais qualificados, aumentando a probabilidade de que estejam motivados para o sucesso.

Criação do "sistema de preenchimento" ou "banco de dados" com base em competências.

Durante a contratação de novos funcionários, um sistema de preenchimento de dados on-line deveria ser criado, utilizando um programa de armazenamento de dados ou tabela. As competências dos novos funcionários e as que eles desenvolverem ao longo do tempo deveriam ser armazenadas e atualizadas no mínimo uma vez por mês. Os funcionários escrevem as suas realizações e identificam as competências demonstradas para cada uma delas.

Desenvolvimento e acompanhamento de capital intelectual.

As empresas que fizerem uso de bancos de dados para mapeamento das competências podem facilmente determinar os pontos fortes de cada funcionário e, consequentemente, os pontos fortes e as oportunidades de desenvolvimento da empresa. Quando novos projetos forem designados aos funcionários, os gerentes saberão quem possui as competências certas para se sair bem.

Análise da necessidade de treinamento de funcionários.

Ao utilizar os sistemas de preenchimento de dados, é mais fácil identificar as necessidades de treinamento e desenvolvimento que possibilitam maior eficácia da empresa. As lacunas de competência são mais facilmente percebidas e podem ser superadas durante os programas de treinamento e assessorias, e ao longo de cursos. Nas áreas em que a empresa necessitar de competências, pode-se optar por aulas via internet ou treinamento *in loco*. Os instrutores podem utilizar essas informações para tratar das competências-chave em seus programas de treinamento. Essa medida possibilita não só que o grupo de funcionários esteja mais preparado, como também os permite desenvolver seu conhecimento e habilidades dentro da empresa.

Realização de avaliação de desempenho.

Ao analisar as informações disponibilizadas no banco de dados de competências para cada funcionário, os gerentes podem realizar a avaliação de desempenho de forma mais precisa, levando em consideração as informações fornecidas pelos próprios funcionários. *Nota: alguns funcionários podem apresentar dificuldades ou falta de autoconfiança para relatar suas habilidades e realizações. É possível que precisem de treinamento ou assessoria para que possam explicitar as informações exigidas pelo sistema, para que ele possa ser utilizado de modo mais eficaz.*

Planejamento

As empresas podem planejar projetos futuros e estipular as metas-chave para os projetos de forma mais eficaz ao utilizar o "sistema de preenchimento de dados" ou "banco de dados". Os gestores podem auxiliar os empregadores a enfatizar e gerenciar as expectativas de desempenho com base na informação disponível para cada funcionário.

Desenvolvimento de carreira

Ao revisar, atualizar e inserir modificações de informação no "sistema de preenchimento de dados" ou "banco de dados", os funcionários podem adotar um papel mais ativo no planejamento de suas carreiras.

Tutoria e treinamento

Ao conhecer as competências de cada funcionário, é possível identificar os tutores e treinadores mais adequados. Dessa forma, o procedimento torna-se mais sistemático e produtivo.

Decisões estratégicas

Quando as empresas conhecem as competências de seus funcionários, estão mais preparadas para "vender" os seus pontos fortes, identificar clientes e parcerias em potencial e assegurar novos projetos.

Planejamento para novas contratações

Ao planejar novos projetos, a empresa pode identificar melhor as suas necessidades de capital humano. As lacunas de competência podem ser preenchidas ao contratar funcionários com essas qualidades ou desenvolvê-las por meio de treinamento, tutoria ou assessoria.

Planos futuros

Um "sistema de preenchimento de dados" ou "banco de dados" atualizado e de alta qualidade pode assessorar os gerentes a tomarem consciência das competências necessárias para os cargos mais altos e adotarem melhores formas de decidir quem possui os requisitos para a função.

Apêndice G
O uso da abordagem com base em competências para responder a perguntas-chave durante as entrevistas

Este apêndice oferece sugestões introdutórias sobre como responder às perguntas realizadas durante as entrevistas de trabalho de forma eficaz, enfatizando suas competências.

POR QUE VOCÊ ESTÁ INTERESSADO NESTE CARGO?

Ao identificar as principais competências que a empresa procura, você deve analisar como as suas próprias competências, pontos fortes e interesses se relacionam com a demanda do empregador.

Responda às perguntas focando em *relacionar* interesses com as principais competências baseadas em suas próprias experiências. O exemplo a seguir oferece uma possível resposta à pergunta "Por que você está interessado neste cargo?". "Em função de três razões principais: terei a oportunidade de demonstrar minha capacidade em cumprir metas, desenvolver relacionamentos duradouros e produtivos com clientes e, por fim, identificar formas de estimular os demais funcionários do departamento a realizarem um trabalho cada vez melhor."

Inspire-se nas competências e explique-as com as suas próprias palavras. Esteja preparado para citar exemplos de atividades semelhantes no passado. Essa pergunta pode ser vista como uma questão comportamental. Lembre-se, o comportamento no passado é o melhor indicador do comportamento futuro.

QUAIS SÃO OS SEUS PONTOS FORTES?

Analise as competências-chave para o cargo. Quais são as competências que o empregador necessita para que seu departamento possa ser o mais bem-sucedido possível? Deixe de fora os pontos fortes que não estejam intimamente relacionados ao que a empresa necessita. Por exemplo, se você é criativo e escreve poesias, deve lembrar-se de que esse tipo de criatividade não será visto como um recurso relevante para um cargo em finanças, contabilidade ou engenharia.

Selecione três ou quatro competências que constituem seus pontos fortes e responda à pergunta com elas.

- Inicie pela competência mais relevante para o empregador e, em seguida, desenvolva o restante da lista, finalizando com a competência menos relevante para o sucesso da empresa.
- Use sinônimos para descrever as competências. É uma atitude que sempre gera bons resultados, e você será visto positivamente ao adotar termos distintos daqueles que aparecem na lista.

QUAIS SÃO AS SUAS MAIORES FRAQUEZAS?

A maioria dos consultores de carreira dirá aos candidatos que devem escolher uma fraqueza que possa ser transformada em um ponto forte. De maneira geral, nós concordamos com essa premissa, mas temos algumas sugestões que vão ajudá-lo a desenvolver uma resposta melhor para essa questão. A intenção é que a resposta seja diplomaticamente honesta e que o entrevistador possa perceber que é uma situação real. Abstenha-se de respostas pueris. Lembre-se, todos nós temos fraquezas e responder que você não as possui é uma inverdade.

Em primeiro lugar, deixe de fora qualquer resposta que possa estar diretamente relacionada a uma das competências para o cargo. Demonstrar que a competência "Impacto e influência" possa não ser um de seus pontos fortes pode afetá-lo negativamente, caso ela seja relevante para o cargo.

Em segundo lugar, procure escolher alguma fraqueza que o entrevistador já possa ter percebido durante a entrevista. A seguir, um exemplo que pode ser útil para a maioria dos candidatos: "Eu não sou tão conciso quanto deveria. É algo que já identifiquei no meu comportamento, estou trabalhando para aprimorar e sei que conseguirei." Essa resposta pode ser moldada para se adequar ao candidato que deseja sair pela tangente durante uma entrevista.

Outra possibilidade é focar em algo diferente e que possa ser levemente engraçado. Um de nossos clientes era do oeste do estado da Virgínia e estava se preparando para uma entrevista no Texas. Nós o incentivamos a responder: "Eu não sei se você reparou, mas algumas pessoas por aqui têm um pouco de sotaque. Isso faz com que me subestimem e, enquanto o fazem, me repassam uma série de instruções até que percebem que sei o que estou fazendo. Por outro lado, pode ser um pouco contraproducente." Você percebeu por que essa resposta funcionou com o cliente?

CONTE-ME UM POUCO SOBRE VOCÊ

Ao longo deste livro, nós destacamos a importância de enfatizar as demandas do empregador primeiro e depois as *suas*. A pergunta-chave é: "O que o empregador precisa saber para perceber que você tem as competências necessárias para auxiliar a empresa a ser bem-sucedida?"

Limite a sua resposta para no máximo dois minutos. Enfatize a sua experiência de trabalho. Os profissionais de recursos humanos relatam histórias pavorosas de pessoas que contam sobre os quatro divórcios, que possuíam uma doença terminal, ajudavam na igreja ou que os três filhos dão muito trabalho. Você é um profissional, e sua resposta para essa questão deve manter-se profissional e longe das questões pessoais.

Existem duas abordagens típicas para responder a essa pergunta. A resposta tradicional é essencialmente cronológica: comece pelo início das suas atividades profissionais e formação acadêmica e prossiga até as informações mais recentes. A outra é mencionar rapidamente o seu histórico de trabalho e formação e utilizar a maior parte do tempo para ressaltar os seus pontos fortes, habilidades e o que deseja fazer no futuro.

As duas abordagens podem surtir bons resultados, mas cada caso determinará a que funcionará melhor. Seja lógico, organizado e conciso. O entrevistador pode estar analisando as suas habilidades de comunicação enquanto ouve o conteúdo.

Lembre-se de que ambas as abordagens podem ser positivas se o candidato tiver em mente que a resposta precisa demonstrar que ele/ela possui as competências que a empresa identificou como necessárias para a posição disponível.

Notas

Capítulo 2

1. Diálogos com Signe Spencer, 14 de abril de 2004.
2. O estudo Recruitment and Retention Survey (Pesquisa sobre contratação e manutenção de funcionários) foi realizado em 2002 e conduzido pelo Chartered Institute of Personnel and Development (Associação profissional de especialistas em recursos humanos no Reino Unido e na República da Irlanda).
3. Diálogos com Spencer.
4. Lyle M. Spencer e Signe Spencer, *Competence at Work: Models for Superior Performance* [*Competência no ambiente de trabalho: modelos para um desempenho de qualidade*, em tradução livre].
5. Adaptado do livro de Robert Wood e Tim Payne, *Competency-Based Recruitment and Selection: A Practical Guide* [*Contratação e seleção com base no sistema de competências: um guia prático*, em tradução livre].

Capítulo 3

1. Adaptado do livro *Competency-Based Recruitment and Selection* [*Contratação e seleção com base no sistema de competências*, em tradução livre], p. 27.

2. Diálogos com Spencer.
3. Neil Rankin, *Competency & Emotional Intelligence Benchmarking* [*Análise comparativa sobre competência e inteligência emocional*, em tradução livre].
4. Diálogos com Spencer.

Bibliografia

BOYATZIS, R. *The Competent Manager: A Model of Effective Performance*. New York: John Wiley & Sons, Inc., 1982.

COOPER, K.C. *Effective Competency Modeling and Reporting: A Step-by-Step Guide for Improving Individual & Organizational Performance*. New York: Amacom, 2000.

CRIPE, E. J. e MANSFIELD, R. S. *Profissionais disputados*. Rio de Janeiro: Campus, 2003.

FEIN, R. *Cover Letters! Cover Letters! Cover Letters!* Franklin Lakes, N.J.: Career Press, 1996.

FRY, R. *101 Great Resumes*. Franklin Lakes, N.J.: Career Press, 2002.

GREEN, P. C. *Desenvolvendo competências consistentes*. Rio de Janeiro: Qualitymark, 1999.

SMITH, R. *Electronic Resumes and Online Networking*. Franklin Lakes, N.J.: Career Press, 2000.

SPENCER, L. M., Jr., Ph.D., e SPENCER, S. M. *Competence at Work: Models for Superior Performance*. New York: John Wiley & Sons, Inc., 1993.

TOROPOV, B. *Last Minute Cover Letters*. Franklin Lakes, N.J.: Career Press, 1996.

United States Office of Personnel Management, "Mosaic Competencies: Leadership Effectiveness Study, 1992,"

Wendleton, Kate. *Interviewing and Salary Negotiation*. Franklin Lakes, N.J.: Career Press, 1999.

WOOD, R., e PAYNE, T. *Competency-Based Recruitment and Selection: A Practical Guide*. Chichester, England: John Wiley & Sons, 1998.

best.
business

Este livro foi composto na tipologia Palatino LT Std Roman,
em corpo 10,5/15, e impresso em papel off-set 75g/m² no Sistema
Cameron da Divisão Gráfica da Distribuidora Record.